알리바바그룹 CEO 마윈 약력

- 1964년 중국 항저우 출생
- 1988년 항저우사범학원 외국어과 졸업
- 1995년 상업정보 웹사이트 '중국옐로우페이지' 창업
- 1997년 대외경제무역부 공식 사이트 개설
- 1999년 알리바바닷컴(alibaba.com) 창업
- 2000년 미국아시아상업협회 '비즈니스 리더', 미국 《포브스》 표지모델로 선정
- 2001년 알리바바, B2B(독 점 타임얼마) 서비스 개시
  '미국아시아비즈니스협회 올해의 인물',
  세계경제포럼에서 '미래를 이끌어갈 세계 100명의 CEO' 선정
- 2003년 타오바오닷컴(taobao.com) 출범 C2C(소비자 간 전자상거래) 진출
  타오바오의 안전결제시스템 '즈푸바오' 오픈
- 2004년 '즈푸바오' 별도 회사로 독립
  타오바오, 마이크로소프트 MSN과 제휴
  ※ C2C사이트별 성장률 768% 기록 (타오바오닷컴 알려진 말로)
- 2005년 알리바바, 중국 3대 웹 포털 '야후차이나' 인수
  《포천》 선정 '아시아에서 가장 영향력 있는 사업가'
- 2007년 홍콩 증시에 알리바바닷컴 상장
  중국 유력 일간지 《신경보》 '중국 50대 기업가' 중 1위 선정
- 2009년 美 타임지 '세계 가장 영향력 있는 100인'에 선정
  ※ 알리바바그룹은 '알리바바닷컴, 타오바오닷컴, 즈푸바오, 알리소프트, 야후차이나, 알리마마'
  6개의 자회사를 거느리고 있다. 2009년 현재 알리바바닷컴은 중국 B2B시장의 약 70%,
  타오바오닷컴은 C2C시장의 80% 이상을 차지하고 있다.

국내 언론을 통해 본 CEO 마윈

직원 65%가 회사 지분 공유 "직원을 부자로 만들자"
알리바바닷컴은 6일 홍콩 증시에 상장한 후 첫날 주가가 배나 오르며 대박을 터뜨렸다. 그러나 최대 수혜자는 마윈 회장이 아닌 직원들이다. 회사를 홍콩 증시에 상장할 때 마윈 회장이 보유한 회사 지분은 5%가 채 안 된다. _〈헤럴드 경제〉 2007년 11월 8일 기사 中

10년 전 컴맹 통역사, 中 'IT 황제'되다
'알리바바의 주문'이 중국 인터넷 산업의 역사를 바꾸고 있다. 알리바바닷컴은 첫 홍콩 증시 상장에서 시가총액 260억 달러를 기록하며 중국 최대의 인터넷 회사로 등극했다. 동종업계 세계 1위인 야후저팬에 약간 밀돈다. 〈포천〉은 "중국 최대의 인터넷업체를 이끌고 있는 마윈 회장은 불과 10여 년 전까지만 해도 '컴맹'이었다"며 자세히 보도했다.
_〈동아일보〉 2007년 12월 14일자 기사 中

中 타오바오닷컴 "월마트 제치겠다"
마윈은 타오바오닷컴 설립 5주년 기념식에서 "10년 안에 향후 5년 동안 20억 위안을 투자해 타오바오를 월마트보다 큰 세계 최대 유통업체로 키우겠다"고 밝혔다. (중략) 마윈의 일에 대한 열정과 카리스마는 이미 중국 내에서는 정평이 나 있다. 마윈의 창업 정신과 노하우 등을 배우고 싶어 개인사업을 접고 알리바바에 입사를 희망하는 이들도 상당수 있다.
_〈아시아 경제〉 2008년 7월 8일자 中

역시 알리바바, 감봉 열풍 속 오히려 급여 인상
세계적으로 감원·감봉 바람이 불고 있는 가운데 중국 최대의 전자상거래업체 알리바바가 급여 인상안을 내놓아 화제가 되고 있다. 마 회장은 "어려운 시기일수록 회사의 자산이 일반 직원들에게 돌아가야 하고 위기감은 고위층부터 느껴야 한다"고 강조했다.
_〈헤럴드 경제〉 2009년 1월 31일 기사 中

마원
웨이

중국 경제를 이끄는 거상 마윈의 파괴적 혁신 경영법

Ma¥un ₩ay 마윈 웨이

선웨이펑 지음 | **김창우** 옮김

시공사

淘宝网：倒立者赢 ⓒ 2007 by Shen Weifeng
All rights Reserved.
Translation rights arranged by ZheJiang People's Publishing House
through Shinwon Agency Co., Korea
Korean Translation Copyright ⓒ 2009 by Sigongsa Co., Ltd.

이 책의 한국어판 저작권은 신원에이전시를 통한 ZheJiang People's Publishing House사와의
독점계약으로 한국어 판권을 시공사에서 소유합니다.
저작권법에 의하여 한국 내에서 보호를 받는 저작물이므로 무단전제와 복제를 금합니다.

한국의 독자들에게

　이 책의 한국어판이 발행되는 것에 진심으로 감사를 표합니다. 처음 타오바오닷컴을 설립할 때 우리의 목표는 5~10년의 노력으로 중국에서 제일 위대하고 우수한 온라인 비즈니스 회사로 만드는 것이었습니다. 5년이 지난 지금, 타오바오닷컴은 '이베이'를 초월한 세계에서 가장 큰 회사로 발전하고 있으며, 나아가 온라인 비즈니스 기업의 글로벌화를 향해 전진하고 있습니다.
　이 책을 통해 알리바바그룹과 타오바오닷컴이 한국 독자들에게 소개되고, 한국과 중국이 한 걸음 더 가까워지는 데 도움이 되기를 희망합니다.

마윈 알리바바그룹 CEO

프롤로그

타오바오는
세계 1위 온라인기업 이베이를
어떻게 이겼을까?

타오바오닷컴Taobao.com, 이하 타오바오은 중국의 '토종' 인터넷기업인 알리바바의 젊은 피들이 주축이 되어 설립한 온라인경매사이트이다. 현재 중국 온라인 시장점유율 80%를 차지하고 있는 타오바오는 세계 1위 온라인경매사이트인 이베이가 중국시장에 무려 1억 달러를 투자하며 한때 최고의 시가총액을 자랑하기도 했던 '이베이이취ebay易趣, eachnet.com'와의 경쟁에서 승리하여 '골리앗을 무찌른 다윗'에 비유된다.

이베이이취는 이베이의 비즈니스모델을 그대로 적용하고, 중국에서도 5~6년간 풍부한 경험을 쌓은 선발주자였다. 게다가 인터넷 사용자의 증가, 1인당 GDP의 성장, 인터넷 환경의 개선 등 외부 여건도 호조여서 선발주자에게 유리한 싸움이었다. 그런데 타오바오가 불과 3년 만에 이베이이취를 물리칠 수 있었던 비결은 과연 무엇일까?

참신한 비즈니스모델이나 콘셉트가 반드시 인터넷사업의 성공을 보장해주지는 않는다. 이는 타오바오를 통해 후발주자에게도 분명 기회가 있다는 사실이 증명되었다. 치열한 경쟁이 벌어지고 있는 중국 인터넷시장에서 성공하기 위해서는 단순히 탄탄한 자금력이나 합리적인 비즈니스모델만 갖추어서는 안 되며 여러 가지 요소를 함께 고려해야 한다. 그것은 바로 시장에 대한 이해와 분석, 뛰어난 팀워크 그리고 경쟁력 있는 마케팅 전략이다.

타오바오의 성공 요인을 살펴보면 다음과 같다.

첫째, 확실한 전략을 바탕으로 구체적인 전술을 강하게 밀어붙였다. 이베이라는 강력한 선발주자가 군림하고 있던 C2C시장에 도전장을 내민 것은 타오바오의 도전정신과 알리바바의 유전자가 한데 어우러져 힘을 발휘한 것으로, '3년간 무료'라는 일련의 마케팅 전략도 매우 유효적절했다.

둘째, 중국고객들이 원하는 바를 정확하게 파고들었다. 간단한 웹페이지부터 제3자 신용담보 그리고 섬세한 고객서비스와 엄격한 보안프로세스까지, 타오바오는 최대한 중국 C2C 고객들의 거래습관과 스타일에 맞춰 서비스를 제공했다. 또 이를 지속적으로 수정·보완하여 더 많은 고객을 끌어들이고 그들의 충성도를 높였다.

셋째, 타오바오만의 기업문화와 가치관이 확립되어 있었다. 한 조직이 기업의 비전과 가치관을 우선순위에 두고 고객을 위한 가치를 실현한다는 것은 결코 쉬운 일이 아니다. 하지만 젊은이들을 주축으로 이루어진 타오바오는 이를 명확하게 인식하고 있었다. 물론 기술적인 뒷받침과 풍부한 자금 그리고 모회사의 전폭적인 지지도 중요한 요소였다.

이 책을 마무리할 때쯤 필자는 타오바오의 성공에는 좀더 심층적인 요인이 있다는 것을 깨닫게 되었다. 그것은 바로 타오바오가 중국시장에 참신한 '비즈니스 가치관'을 형성했다는 것이다. 처음에 사람들이 인터넷에서 물건을 팔 때는 남아도는 물건을 파는 수준이었지만 다양한 상품을 취급하는 판매자들이 점차 몰려들면서 전자상거래는 폭발적으로 늘어났다. 전자상거래의 핵심경쟁력은 중간유통 과정을 없애고 판매자와 구매자가 믿을 수 있는 안전한 플랫폼에서 직접 상담하고 거래하므로 양측 모두에게 이익을 가져다준다는 점이다.

1995년 실리콘밸리의 엔지니어였던 오미디야르는 인터넷거래시스템을 생각해내고는 불과 일주일 만에 '이베이'라는 사이트를 만든다. 이렇게 갓 태어난 이베이는 사람들의 주목을 끌기 위해 처음엔 'Pez 사탕상자'를 팔았고 결국엔 200억 달러에 달하는 시가총액을 자랑하며 20여 개국에 진출한 거대 다국적기업으로 성장했다.

"처음엔 주변 사람들이 전부 제 생각이 터무니없다고 여겼습니다. 아무도 낯선 사람에게서 실제로 보지도 않은 상품을 사고 싶어 하지 않았으니까요."

미국의 작가 아담 코헨이 이베이의 성장스토리를 소개한 책 《완벽한 상점 The Perfect Store》에는 이같이 언급되어 있다.

신용시스템이 잘 갖추어졌다는 미국에서도 이런데 하물며 넓은 땅덩어리에 13억 인구를 자랑하는 중국은 말할 것도 없었다. 다행인 것은 중국의 전자상거래가 발달하면서 많은 중국인이 전자상거래가 가져다준 기회를 활용하기 시작했고 거래자들끼리의 신뢰감도 점차 두터워졌다는 점이다. 중국의 신용시스템이 하루아침에 완벽해질 수는 없겠지만 점차 개선되고 있는 것은 분명하다. 특히 타오바오는 커뮤니티나 고객평가시스템을 통해 거래쌍방에 신뢰감을 심어주었고 커뮤니티를 기반으로 한 거래환경을 조성했다.

"모든 사람은 이곳에서 자신이 원하는 상품을 살 수 있을 뿐 아니라 자신과 뜻이 맞는 사람을 만날 수도 있다. 그리고 이 모든 것은 불과 몇 분 만에 이루어진다."

인터넷은 인류가 창조한 가장 완벽에 가까운 시장이다. 24시간 내내 거래가 이루어지는 인터넷 비즈니스에서는 마케팅을 걱정할 필요가 없다. 여기서 파는 것은 단지 상품이 아니라 사람과 사람 사이의 관계이기 때문이다. 이뿐 아니라 타오바오는 '즈푸바오支付寶'라는 안전결제시스템을 도입하여 사람들에게 전자상거래에 대한 믿음을 더욱 공고히 해주었고, 왕왕메신저를 도입하여 단순한 상담 기능을 넘어서 사람들 사이의 광범위한 커뮤니케이션을 촉진했다.

1960년대에 현대식 쇼핑몰이 생겨난 이후 이베이는 상품거래 방식에 혁신적인 변화를 일으켰다. 이베이의 매출액은 기존 백화점이나 슈퍼마켓을 뛰어넘었다. 항저우에 본사를 둔 타오바오도 처음엔 항저우에서 제일 큰 백화점의 매출액을 넘는 것을 목표로 삼았다. 그러나 실제 결과는 예상을 뛰어넘어 2003년엔 8,000만 위안, 2004년엔 8억 위안, 2005년엔 80억 위안의 매출을 달성했다. 이제 타오바오의 목표는 월마트와 중국 최대의 가전유통업체인 궈메이國美에 도전하는 것이다.

"이베이는 위대한 기업이다. 비록 우리가 중국에서 이베이를 이기긴 했지만."

이 말을 하는 알리바바그룹 CEO 마윈馬雲의 얼굴에서 이베이 정신에 대한 여전한 존경심과 앞으로 계속될 시장경쟁에 대한 자신감을 엿볼 수 있었다.

선웨이펑

차 례

MaYun Way

한국의 독자들에게 _5
프롤로그 타오바오는 세계 1위 온라인기업 이베이를
　　　　　어떻게 이겼을까? _6

PART 1 거꾸로 뒤집으면 성공이 보인다

코끼리를 쓰러뜨린 개미의 지혜 _16
중국 전자상거래 시장의 흐름 _22
예기치 못한 곳에서 나오는 영감 _29
소프트뱅크 CEO 손정의와 만나다 _37

PART 2 매출 1위안으로 시작된 타오바오의 기적

베일에 싸인 출발 _44
지상 최대의 타오바오 상륙작전 _50
전화위복의 기회가 된 '사스' _56
타오바오에는 없는 물건이 없다 _62

PART 3 '농촌'에서부터 '도시'를 포위하라

돈이 있어도 쓸 곳이 없다 _74
얼음은 녹기 시작했으나 봄은 오지 않았다 _84
생존이 최우선이다 _90

PART 4   무엇보다 신용이 우선이다
마윈의 야심작 '즈푸바오' _104
회피할 수 없는 자금이동 문제 _110
이베이와 페이팔의 빅딜 _115
즈푸바오 하버드 보내기 대작전 _124

PART 5   모든 것은 커뮤니케이션에서 시작된다
고객확보는 윈도쇼핑에서 시작된다 _134
스카이프를 인수한 이베이의 반격 _144
새로운 전장을 개척하다 _151

PART 6   타오바오 불패신화의 원동력
위대한 비즈니스모델 _156
알리바바의 출발점 _165
힘차게 펄럭이는 무료화의 깃발 _174

PART 7 IT회사가 아닌 서비스기업이 되라
물고기가 없으면 양식을 하라 _188
커뮤니티를 통해 사이트를 키운다 _197
확실한 목표에 집중하는 삼장법사의 리더십 _204

PART 8 이베이에게 아직 먹을 파이가 남았는가
이베이가 흘린 첫 번째 눈물 _216
현지화 전략의 부재로 인한 도미노식 패배 _227
미로와도 같은 중국시장 _232
다시 도약하는 이베이의 미래 _244

PART 9 파괴적 혁신기업의 미래
돌격! 돌격! 돌격하라! _250
글로벌 산업사슬에서의 타오바오 _253

에필로그 다음 경쟁상대는 누구일까 _257
저자후기 _262

Ma¥un Way

PART 1

거꾸로 뒤집으면 성공이 보인다

"이베이가 우리를 무시하는 때가
오히려 우리가 선수를 칠 수 있는 최고의 기회다.
오로지 변하지 않는 것은 변화뿐이다!
이것이 우리의 신념이다."

코끼리를
쓰러뜨린
개미의 지혜

　　세계 최대 B2B전자상거래업체인 알리바바닷컴Alibaba.com, 이하 알리바바의 CEO 마윈은 항저우杭州 사람으로 전직 영어교사였다. 컴퓨터에 문외한이었던 그는 10년 남짓한 시간 만에 중국 전자상거래시장의 80%를 점유한 거상이 되었다. 2001년에는 '미국아시아비즈니스협회 올해의 인물'로 선정되는 동시에 세계경제포럼에서 '미래를 이끌어갈 세계 100명의 CEO'에 뽑혔으며, 2005년에는 'CCTV가 뽑은 2004년의 기업인'으로 선정되었다. 또 그는 미국의 경제전문 잡지 〈포브스Forbes〉의 표지모델이 된 첫 번째 중국기업가이기도 하다.

　　1999년 3월, 마윈은 50만 위안의 창업자금을 모아 알리바바닷컴을 창업했다. 이러한 그의 '기발한 발상'은 나중에야 대다수 벤처투자자들의 인정을 받았는데, 알리바바의 B2B기업 대 기업라는 비

Part 1　거꾸로 뒤집으면 성공이 보인다

즈니스모델이 야후의 포털사이트모델, 아마존의 B2C모델과 이베이의 C2C모델에 이어 전 세계 인터넷의 네 번째 비즈니스모델로 인정받은 것이다.

1999년 10월, 마윈은 세계적으로 유명한 투자은행인 골드만삭스를 필두로 피델리티그룹, 싱가포르정부과학기술발전기금과 InvestAB 등 벤처투자기업에게서 500만 달러의 초기투자금을 지원받았다. 2000년 1월에는 세계적으로 유명한 투자가인 소프트뱅크 CEO 손정의가 2,000만 달러를 투자하여 알리바바가 글로벌기업으로 도약하는 데 결정적인 도움을 주었다. 이렇게 손정의가 거액을 투자하고, 직접 알리바바의 수석고문을 맡으면서 알리바바와 마윈은 업계에서 점점 명성을 얻었다.

2006년 6월, 미국의 경제주간지 〈비즈니스 2.0〉과 인터뷰하면서 마윈은 "알리바바와 이베이의 싸움은 이미 끝났다. 남은 것은 전장을 정리하는 것뿐이다. 앞으로 10년 내에 알리바바는 전 세계 3대 인터넷업체로 발돋움하는 것을 목표로 하고 있다"라며 자신감을 나타냈는데 그의 이러한 자신감은 구체적인 수치로 뒷받침된다.

중국인터넷정보센터CNNIC가 2006년 5월 15일에 발표한 〈2006년 중국 C2C온라인거래 조사보고서〉에 따르면 2006년 3월까지 베이징, 상하이, 광저우 세 도시에서 C2C 사이트를 통해 온라인으로 물품을 구매한 소비자는 모두 200만 명이었다. 또 구매자의 숫자와 구매빈도에 근거하여 산출한 2005년 이 세 도시의 C2C 사이트별 시장점유율은 타오바오가 67.3%, 이베이이취가

29.1%였다. 이곳에서 물품을 구매한 740만 명 중 타오바오를 이용한 사람이 500만 명 정도였고, 이베이이취는 200만 명을 약간 넘겼다. 이용객들의 구매빈도를 보면 회원 한 사람당 타오바오는 4.25번, 이베이이취는 3.08번이었다.

각 언론매체들은 이 보고서의 조사결과는 타오바오가 이베이이취를 뛰어넘어 공식적으로 중국 C2C 분야의 일인자가 되었다는 것을 숫자로 증명해주며, 이용자들도 이를 널리 인식하게 되었다는 것을 말해준다고 보도했다. CNNIC의 수석연구고문이자 유명한 인터넷 애널리스트인 뤼보왕은 타오바오가 무한한 잠재력을 지닌 기업이며, 구매자 중 3분의 2가 타오바오에서 물건을 구매하기 때문에 판매자들도 점점 더 타오바오로 몰려들고 있다고 했다. 또 이 때문에 이베이이취의 판매자들도 타오바오에 특별한 매력을 느끼고 있다고 지적했다. 이런 정황에 비추어보면 앞으로도 타오바오의 시장점유율은 지속적으로 올라갈 것으로 예상된다.

두 회사의 앞날이 어떻게 될지도 주요 관심사이지만 그보다는 이 경쟁이 어떻게 시작되었는가가 더욱 흥미롭다. 이베이라는 위대한 회사, 좀처럼 져본 적이 없는 거대한 회사를 상대로 마윈은 어떤 생각을 하며 이렇게 과감하게 칼을 빼든 것일까? 온갖 고생을 하며 간신히 2002년에 1위안_{한화 약 200원}의 수익을 낸 알리바바를 이끌던 마윈은 몇몇 젊은이들이 영업수익만 무려 70억 달러_{한화 약 9조 원}를 올리는 이베이를 상대로 자신이 뽑아든 칼이 진정한 검인지, 아니면 고철덩어리인지 어떻게 확신할 수 있었을까?

Part 1 거꾸로 뒤집으면 성공이 보인다

전 직원이 물구나무서기를 하는 회사

항저우에는 베이징이나 상하이처럼 비즈니스센터라 할 만한 뚜렷한 지역이 없다. 단지 저장대학 부근에 소박한 몇몇 빌딩들이 들어서 있는데 그곳이 항저우의 실리콘밸리라고들 한다. 알리바바와 자회사인 타오바오, 즈푸바오도 여기에 모여 있다. 세 회사는 서로 다른 빌딩에 있지만 걸어서 10분도 안 되는 거리에 있으며 마윈이 인수한 야후차이나의 사무실은 그대로 베이징에 있다.

처음 알리바바 사무실을 방문했을 때 나를 맞이한 젊은 부사장은 2003년 늦봄에서 초여름까지 회사에 일어난 일련의 일들인 사스SARS, 물구나무서기 등에 대해 설명해주었다.

물구나무서기라니? 알리바바의 모든 직원은 물구나무서기를 할 줄 안다고 한다. 물구나무서기는 알리바바의 특유한 문화이자 가치관을 구체적으로 형상화한 것으로, 처음에는 '사스' 때문에 시작되었다. 사스가 한창 창궐할 무렵, 알리바바의 한 직원이 사스에 감염되었다. 이로써 얼마간 전 직원이 자택에서 근무하게 되었는데 이를 계기로 건강에 대한 관심이 높아지면서 좁은 공간에서 가장 쉽게 할 수 있는 운동으로 물구나무서기를 하게 되었다는 것이다.

마윈은 남녀노소할 것 없이 전 직원이 반드시 물구나무서기를 배우도록 지시했다. 그가 약간 무리라고 여겨질 수도 있는 이런 명령을 내린 데는 그 나름대로 이유가 있었다.

첫째, 스스로 할 수 없다고 생각한 일도 마음만 먹으면 반드시 해낼 수 있다.

둘째, 혼자서 할 수 없을 때는 다른 사람의 도움을 받는다. 이를 통해 팀워크를 다질 수 있다.

셋째, 물구나무를 서면 피가 머리로 몰리면서 세상을 보는 관점이 평소와는 완전히 달라진다. 즉 어떤 문제가 생겼을 때 거꾸로 뒤집으면 생각지 못한 방향에서 해결책을 찾을 수도 있다는 것이다. 이런 측면에서는 물구나무서기가 단순한 운동 차원이 아니라 문화적 차원에서 세계를 인식하는 각도와 방법을 제시하게 된다.

비행기 안에서 창밖으로 떠다니는 구름을 바라보면 땅에서 올려다봤을 때의 평평한 구름과는 완전히 다르다는 것을 발견할 수 있다. 실제로 옆에서 보면 솜이나 눈 덮인 설산같이 입체적인 형상을 하고 있다.

일설에 따르면 서구현대회화의 시조라 여겨지는 프랑스 인상파는 몇몇 화가들이 우연히 눈을 가늘게 뜨고 햇빛을 쳐다보니 햇빛이 일곱 가지 색깔을 띠게 되고 물체들의 윤곽이 흐릿해진 데서 힌트를 얻어 출발했다고 한다. 그들이 그린 그림을 본 당시 파리 사람들은 두 눈을 똑바로 뜨지 않고 가늘게 해서 보면 세상을 마음으로 느낄 수 있다는 것을 알게 되었다.

세잔은 서로 다른 높이에서 본 풍경을 한 화면에 그려 넣어 공간 개념을 타파했다. 피카소는 한 여인이 얼굴을 돌리려는 순간을 포착하여 옆모습과 앞모습을 한 화면에 그려 넣어 옆에서 본 코와 정면에서 본 입술 그리고 기이하게 생긴 세 개의 눈을 동시에 볼 수 있는 그림을 그려 시간 개념을 깨뜨린 입체파를 창시했다.

세상은 원래 이렇게 이루어졌는데 단지 우리가 평소에 생각하지 못하기 때문에 볼 수 없는 것은 아닐까? 어떤 문제가 풀리지 않을 때는 물구나무를 서거나 눈을 가늘게 뜨고 세상을 바라보자.

기업을 경영하는 것도 이와 마찬가지이다. 90%의 시장점유율을 차지하고 70억 달러라는 막강한 자금력을 지닌 경쟁사를 상대하는 유일한 방법은 생각을 거꾸로 뒤집어 해결책을 찾는 것일 수도 있다. 손을 다리로 삼아 자기가 미처 보지 못한 부분이 어디인지를 살펴보는 것이다.

등잔 밑에도 그림자가 있기 마련이다. 어떠한 기업도 언제나 천하무적이라고 할 수 없으며 영원한 1등이란 없다. 비록 그 기업이 진정으로 위대한 기업일지라도 말이다.

중국 전자상거래시장의 흐름

마윈과 알리바바의 젊은이들이 찾아내고 개척한 거꾸로 된 세상을 보기 전에, 우리 앞에 펼쳐졌던 세계는 어떠한 모습이었는지 살펴볼 필요가 있다.

1997년 베이징에서는 '인터넷' 이라는 새로운 용어가 널리 퍼지기 시작했는데 이것이 사람들 머릿속에 각인되기까지는 시간이 필요했다. 당시 장수신張樹新이라는 사람은 중국 최초의 인터넷기업이라 할 수 있는 '잉하이웨이瀛海威'를 창업하여 중국의 중소기업을 위한 서비스를 제공했으나 시기가 너무 일렀기에 사업을 접어야 했다.

이때까지 '전자상거래' 라는 용어는 아예 존재하지 않았다. 1998년에는 왕쥔타오王峻濤가 중국 남방도시인 푸저우福州에서 '8848' 이라는 사이트를 개설하여 소프트웨어와 도서 등 몇몇 간단한 상품을 팔면서 회사를 키워나갔다. 이 사람이 명실상부한 '중국의 첫 번째 전자상거래 사업가'이다. 이 사이트도 여러 곳의 투자를 받으며 덩치를 키웠지만 결국 문을 닫고 말았다.

당시에 등장한 전자상거래업체 가운데는 성공한 예가 전혀 없었다. 언뜻 보기에 그럴듯해 보이는 계획이나 비즈니스모델도 막상 실행해보면 여지없이 실패하곤 했다. 베이징에 있던 B2C인터넷회사 'E국1소시 E 國1小時'를 살펴보자. 이 회사는 중관춘 中關村 거리 곳곳에 수많은 광고판을 세워 이 사이트에서 물건을 사면 무조건 한 시간 안에 받아볼 수 있다고 광고했다. 이 사이트는 주변 대학가에서 큰 인기를 끌었다. 대학생들이 저녁식사를 하고 농구를 한 게임 한 다음 컴퓨터 앞에 앉아서 콜라를 주문하면 30분 후에 이 회사의 로고가 새겨진 모자를 쓴 직원이 숨을 몰아쉬며 물방울이 보송보송 맺힌 콜라 한 캔을 이들에게 넘겨주었는데 당시엔 이것이 바로 전자상거래였다. 이 회사의 광고 문구는 '이 사이트를 보라! 얼마나 편리한가!'였다.

그러나 방금 콜라 캔을 받아든 대학생들은 의문이 생기기 시작했다. 이런 회사가 앞으로 얼마나 갈 수 있을까? 얼마나 많은 자금을 들여야 이렇게 거대한 상품창고와 배달직원들을 유지할 수 있을까? 어쨌든 그 당시 전자상거래는 대부분 배송과 연계되어야 한다고 생각했고, 상상력이 별로 없는 평범한 중국 인터넷 1세대 사업가들은 이렇게 물건을 몸소 고객에게 전해주어야 한다는 생각에서 벗어나지 못했다. 그러니 왕쥔타오의 8848처럼 80여 개의 연쇄점을 가지고 있어서 거대한 배송네트워크를 통해 배달문제를 해결한다고 해도 막대한 자금과 원가절감이라는 문제에 부딪히게 되는 것이다.

E국1소시는 지금 돌이켜보면 가장 전형적으로 인기를 끈 비즈니스모델로 만들어진 회사였다. 그리고 이런 방식이 결코 틀렸다고는 말할 수 없다. 모든 사람이 인터넷을 사용하고 인터넷에서 일용품을 구매하는 나라가 있다고 가정했을 때에는 이 회사가 약속한 한 시간 내 배달은 매우 매력적이며 인터넷상에서 충분히 세븐일레븐 편의점과 같은 위치에 올라설 수도 있기 때문이다. 그러나 2000년 이전의 중국에서 이러한 사업은 거의 사라질 수밖에 없는 운명이었다.

되돌아보면 한때나마 명성을 떨쳤던 이러한 회사들은 인터넷 열풍 속에서 등장했다 금방 사라져버린 아주 미미한 물보라에 지나지 않았다. 수많은 자금이 중국으로 들어와 인터넷사업에 투자되었으며 사이트의 클릭수가 높을수록 돈이 된다고 믿은 상황에서 이런 회사들이 결코 무모했다고는 할 수 없다. 하지만 더욱 중요한 것은 이러한 선구자들의 모험과 교훈이 없었다면 진정한 전자상거래가 어떤 것인지를 결코 알 수 없었을 것이라는 사실이다.

중국 최초의 인터넷생존대회

1999년 어느 날, 하룻밤 사이에 '전자상거래'를 널리 알린 역사적인 사건이 발생했다. 미국 마이크로소프트가 영국에서 인터넷생존대회를 개최한 것을 본 '몽상가夢想家'라는 사이트가 중국에서도 이 대회를 열기로 결정한 것이다. 이는 중국의 방송과 신문 등 각종 언론매체에 대대적으로 보도되면서 사회적 관심을 불러일으켰다.

인터넷생존대회의 게임 방식은 매우 간단했다. 베이징과 상하이, 광저우에서 선발된 참가자 네 명이 전자화폐와 현금을 각각 1,500위안 한화 약 30만 원씩 들고 컴퓨터와 화장실만 딸린 방안에서 72시간 동안 인터넷을 통해서만 생활하는 것이었다.

결과적으로 참가자 모두 72시간을 무사히 버텨냈다. 인터넷으로 주문할 수 있는 '영화두장永和豆漿'이라는 회사가 있었기 때문이다. 이 회사는 대회 전부터 광고링크를 주최측 사이트에 올려놓아 참가자들이 쉽게 찾을 수 있었고, 결국 이들은 72시간동안 이 두장豆漿, 중국인들이 즐겨 마시는 두유처럼 만든 콩국-옮긴이을 먹으며 견뎠다. 그리고 참가자들은 대개 8848에서 일용품을 주문했는데 다양한 물품이 부족했던 8848에서는 어쩔 수 없이 편법을 써서 부근 슈퍼마켓에서 물품을 사다주었다.

이 행사는 인터넷생존에 관한 도덕적·사회적 문제에 관해 엄숙히 토론하는 것으로 마무리되었다. 아직 초보단계에 있던 중국의 전자상거래는 이 행사를 치르면서 스스로 약점과 부실한 기반을 드러냈고, 사람들은 전자상거래의 향후 모델에 관해 토론을 벌이는 등 다시 한번 생각하게 되었다.

90%가 찬성한 아이디어는 버려라

마윈은 2000년 이전에는 업계에 거의 알려지지 않은 인물이었다. 그는 1995년에 항저우에서 비즈니스 정보를 알려주는 사이트를 운영했고, 1997년에는 베이징에서 정부기관의 인터넷사이트를 외주 제작하는 사업을 했다. 1999년 초, 베이징의 인터넷업계에서 그다지 이름을 떨치지 못하던 마윈은 10여 명의 젊은이와 함께 여기저기서 마련한 50만 위안의 창업자금을 가지고 항저우로 내려와 알리바바를 창업했다. 이들 중 몇몇은 처음부터 항저우에서 베이징으로 가서 함께 일했던 이들이고, 몇몇은 베이징에서 처음 만나 '아예 본업을 접고' 내려온 이들이었다.

그들에게 어떻게 해서 마윈과 사업을 함께하게 되었느냐고 물었더니 그들은 하나같이 마윈과 독특한 인연이 있다고 들려주었다. 광고를 유치하려고 갔다가, 마윈의 회사에 대한 기사를 쓰다가 인연이 되어 함께 일하게 된 이들도 있었고, 채팅방에서 베이징에 있는 마윈의 회사 직원들을 알게 되었는데 항저우에 내려가서 창업을 하자는 제의를 받아 들어오게 된 이도 있었다.

얼핏 보기에 '오합지졸' 같아 보이는 이 젊은이들이 항저우라는 소도시로 내려가 생각해낸 전자상거래의 큰 틀은 베이징에서처럼 '모든 것을 갖춘 거대한 회사'와는 전혀 다른 것이었다. 간단히 말하면 알리바바가 하고자 한 것은 단지 플랫폼만 제공하는 것으로 인터넷의 힘을 빌려 업체들에게 원가를 줄여주면서 그들의 거래만 중개하는 방식이었다. 기업은 이를 통해 원가를 절감하고 알리바바는 그중에서 일부만 수수료로 받아 챙기는 것이다. 창고, 배송, 물품구매 비용… 이런 것들은 전혀 신경 쓸 필요가 없었다. 전자상거래업체들을 고민하게 했던 이런 문제들은 기업 간 상거래 B2B를 중개하는 알리바바와는 무관한 것들이었기 때문이다.

이러한 알리바바의 비즈니스모델은 1999년 당시 성공사례가 없어 위험한 도전으로 보였다. B2C시장에서는 아마존을 벤치마킹할 수 있었고, C2C시장에서는 이베이가 이미 상당한 위치에 올라 있었다. 그렇다면 B2B는 어떠했을까?

"90%가 찬성하는 방안이 있다면 나는 반드시 그것을 쓰레기통에 갖다 버린다. 이렇게 많은 사람들이 좋다는 계획이라면 분명 많은 사람들이 시도했을 것이고 그 기회는 우리 것이 아니기 때문이다."

마윈은 다소 독단적인 자신의 성격과 조직 내에서의 위엄과 명망을 바탕으로 처음부터 성공한 사례가 전혀 없는 길을 택했다. 결과를 말할 필요가 있을까? 알리바바는 1999년에 창업하여 2002년부터 수익을 내기 시작했다. 거의 빛처럼 빠른 속도로 불가능한 임무를 완수해낸 중국 전자상거래 역사상 최초의 업체였다. 그리고 알리바바가 창안한 이 비즈니스모델은 아직까지도 B2B시장에서 진정한 경쟁상대가 없이 독주하고 있다.

마윈이 알리바바 창업 초기 이 비즈니스모델을 구상할 때 회사 내부에서는 그다지 반기지 않는 분위기였다고 한다. 이 말을 하면서 그는 매우 만족스러운 표정을 지었는데 이는 아마도 사람들이 그다지 많이 찬성하지 않는 곳에 진정한 비즈니스의 기회가 있다고 믿기 때문일 것이다. 이것이 바로 마윈의 사고방식이다.

이러한 사고방식 덕택에 마윈은 1998년, 1999년 각축을 벌이던 인터넷업계에서 두각을 나타낼 수 있었고 중국에서 가장 성공적이면서 세계적으로 가장 주목받는 전자상거래업체를 만들 수 있었다. 그리고 지금은 월스트리트에서 빌 게이츠보다 더 주목받는 기업인이 되었다. 이 점을 기억한다면 마윈의 비즈니스 방식이나 그가 이끌었던 타오바오를 좀더 이해할 수 있을 것이다. 그는 결코 평범한 길을 가지 않으려 했다.

Part 1 거꾸로 뒤집으면 성공이 보인다

예기치 못한 곳에서
나오는
영감

알리바바는 2002년에 들어서야 비로소 수익을 내기 시작했다. 이때부터 투자부서를 신설해 판매부서를 총괄하던 쑨퉁위孫彤宇를 이곳으로 배치하여 CFO Chief Financial Officer, 최고재무관리자와 함께 투자 프로젝트와 투자기회를 찾는 업무를 맡도록 했다. 2002년에 알리바바는 '1위안'의 이익을 냈는데 이것은 마윈이 사람들에게 전부터 누누이 강조한 것이었다. 그렇다면 설마 이 1위안으로 2003년에 투자부서를 설립해 쪼개어 쓰려고 했던 것일까? 이에 대해 알리바바의 한 고위임원은 다음과 같이 설명해주었다.

"1위안은 단지 상징적인 표현일 뿐이다. 알리바바의 2002년 목표였고 1위안이라도 수익이 난다면 성공이라고 본 것이다. 사실 2002년 말에 우리 회사는 꽤 큰 일곱 자리 숫자의 수익을 올렸다. 그래도 1위안으로 투자한다면 좀 억지스러운 감이 있지만 당시 우리는 알리바바가 수익을 내고 안정적으로 발전하고 있으니 새로운 기회와 엔진을 찾을 때라고 생각했다."

마윈의 투자대상에는 당시 열풍이 불기 시작한 부동산도 포함되었다. 그때 마윈이 항저우의 부동산을 매입했다면 지금쯤 꽤나 짭짤한 수익을 챙겼을 것이다. 하지만 인터넷과 관계없는 사업에 마윈은 눈도 돌리지 않았고 알리바바의 사업영역에 포함시키지도 않았다. 대다수 임원들이 부동산에 투자하자고 해도 마윈은 "우리가 부동산에 투자하면 큰돈을 벌 수 있겠지만 그것은 우리가 번 돈이 아니다"라며 딱 잘라 거절했다.

지금까지도 알리바바 내부에서 암묵적으로 지켜지는 규칙은 바로 전자상거래와 관련된 사업만 운영하며 그 밖의 업종은 아무리 수익이 크다고 해도 절대 발을 들여놓지 않는다는 것이다. 이것은 반드시 지켜야만 하는 기본원칙이다.

그 후 '타오바오닷컴'에 대해 구상하고 다듬는 과정은 매우 어렵게 진행되었다. 그 이유는 답안이 너무 간단하여 뭐라 설명이 필요 없을 정도였기 때문이다. 알리바바의 한 임원은 "이 건은 주로 마윈의 영감에 따라 결정되었다. 아마도 사람들은 이러한 방식이 전문적이거나 정상적이라고 느끼지 못할 것이다. 여러 차례의 검증이나 토론, 시장조사를 거쳐야만 이렇게 큰 투자를 결정할 수 있다고 믿겠지만 어떤 때는 복잡하고 번거로운 조사연구보다 비즈니스 천재의 영감을 믿는 게 나을 수도 있다."

처음 이 말을 들었을 때는 믿어지지 않았다. 왜냐면 지금까지 알리바바가 성공한 것은 '정확한 시기에 정확한 행동을 취한' 덕분이며 이렇게 할 수 있었던 것은 경영진의 판단력과 정책결정능력이 뛰어났기 때문이다. 수많은 MBA에서 가르치는 사례나 외국기업들이 투자를 결정할 때 작성하는 수많은 문서들을 보고 나면 이렇게 규모가 크고 월스트리트에서도 주목받을 정도의 간판 인터넷기업이 전략적으로 중요한 결정을 내리는 데 연구조사나 검증도 거치지 않고 마윈의 말 한 마디에 움직인다는 것은 믿기 힘들었다.

도대체 마윈은 회사에서 어느 정도 권위를 가지고 있는 걸까? 아니면 직원들이 마윈에게 반박하기를 포기한 것일까? 1999년 알리바바를 창업할 당시 마윈은 '어떠한 궁금증이나 이견이 있으면 그 자리에서 곧바로 의문을 제기하고 해결한다'는 원칙을 세웠다. 그런데 이 원칙이 버려진 것일까?

여기에 대해 알리바바그룹에서 인사를 총괄하는 펑레이는 절대로 그렇지 않다고 대답했다.

"지금까지 회사에서는 어떤 결정을 내리든 합의에 이를 때까지 함께 토론했다. 이견이 있다면 즉각 제기했고 심지어 토론만 하염없이 계속되던 때도 있었다. 그러나 회사경영이라는 측면에서 보면 어느 정도 권위도 필요하다. 너무 민주적이면 의사결정이 늦어져 좋은 기회를 놓칠 수도 있다. 지난 몇 년간 의견이 분분했던 사항들을 되짚어보면 마윈의 결정이 결국 옳았다는 것이 증명되었고, 이 건 같은 경우엔 C2C시장으로 들어가려는 마윈의 생각에 모든 직원이 찬성했다. 마윈의 생각이 모든 직원에게 설득력이 있었던 것이다."

"그렇다면 어느 날 마윈이 갑작스럽게 '이베이에 도전합시다!'라고 말하자 직원들이 '좋습니다. 이베이에 도전합시다'라고 대답했단 말인가?"

내 질문에 그는 고개를 끄덕였다.

지난 10년간 인터넷산업의 역사를 살펴보면 미국의 이베이가 얼마나 강력한 위치를 선점하고 있는지 뼈저리게 느낄 수 있다. 그리고 알리바바가 C2C시장에 도전장을 내밀기 전에는 이베이 산하 이베이이취가 이미 중국 온라인시장의 90%를 점유한 상황이었다.

이베이의 창립은 한 편의 동화 같은 이야기에서 시작된다. 1995년 오미디야르는 제너럴매직General Magic에 근무하고 있었는데 그의 아내 는 Pez사탕상자를 수집하는 취미가 있었다. 그는 아내가 다른 수집가들과 사탕상자를 교환하고 수집하는 것을 도와주기 위해 인터넷사이트를 만들었다. 이것이 바로 이베이의 시초다.

아내가 이 사이트에서 Pez사탕상자를 팔고 교환하는 것을 지켜보던 오미디야르는 사람들이 다른 물품에도 큰 관심을 보이는 것을 간파하고는 인터넷에서 물건을 거래하는 플랫폼을 만들어야겠다고 결심하곤 곧바로 '옥션 웹Auction Web'을 제작했다. 처음엔 에코 베이 테크놀로지 그룹Echo Bay Technology Group의 명의를 빌려 컨설팅 작업을 하는 사이트로 등록하려고 했으나 당시 'echobay.com'이라는 주소가 이미 등록되어 있어 결국 'ebay'로 줄여 등록하게 되었다. 이베이라는 제국은 이렇게 시작된 것이다.

1997년에 이베이는 본격적인 회사의 진용을 갖추고 투자금을 유치하며 멕 휘트먼을 CEO로 영입한다. 그녀는 나중에 중국에 와서 이베이이취와 타오바오의 치열한 경쟁을 직접 지휘하기도 했다. 그 후 정말 놀라운 속도로 발전한 이베이는 2004년에 연수익이 33억 달러에 달했고 이용자수는 1억 3,500만 명으로 독일과 프랑스 인구와 맞먹을 정도였다.

이베이의 역사를 살펴보다가 아주 흥미로운 사실을 알게 되었는데 휘트먼이 밝힌 바에 따르면 그녀가 회사의 중요한 법규를 만들거나 결정을 내릴 때 오미디야르의 판단에 의존한다는 것이다.

"그는 이러한 방면에 천부적인 능력이 있다. 중요한 결정을 내리거나 어떠한 곤란한 상황에 부딪히면 나는 그를 찾는다. 이러한 결정은 기존의 시장조사나 수치들로 판단할 수 있는 게 아니기 때문이다."

이 말은 어디서 많이 들어보지 않았는가? 그렇다. 알리바바그룹의 인사총괄팀장이 한 말과 너무도 똑같다.

하버드 MBA vs 컴맹 영어교사

마윈이 진출하려는 중국의 C2C시장에는 이베이 외에도 강력한 경쟁자가 있었다. 바로 1999년 상하이에서 설립된 전자상거래 기업 '이취易趣'였다. 이취의 창립자인 사오이보邵亦波와 탄하이인譚海音은 둘 다 하버드 MBA 출신이었다.

사오이보는 어렸을 때부터 신동이라 불렸는데 그의 학력과 이력을 살펴보면 마윈과는 하늘과 땅 차이라는 것을 알 수 있다. 해외에서 거의 10년을 살다온 그는 영어에 능통하고 서구문화에 익

33

숙했으며 초창기부터 인터넷을 접했다. 하버드 대학을 졸업한 그는 연봉 15만 달러의 직장과 미국영주권을 포기하고 중국에 들어와 사업을 시작했는데, 이는 닷컴 열풍이 불던 당시 유학생들의 일반적인 바람이기도 했다. 어쨌든 기회는 중국에 있다는 판단은 아주 정확했다.

미국에 있을 때 이베이에서 경매를 통해 중고 텔레비전을 판 경험이 있던 그는 여기서 깊은 인상을 받아 중국에서 개인과 개인의 거래를 중개해주는 C2C 사업을 시작했다. 1999년에 40만 달러의 벤처투자를 받아 C2C인터넷경매사이트인 '이취'를 설립했다. 이취는 모든 면에서 이베이를 본떠 만든 것으로 심지어 경영이념조차도 이베이의 것을 모방했다. 이때가 마윈이 베이징에서 항저우로 내려와 알리바바를 설립하던 시기였으니 두 회사는 각자의 길에서 열심히 매진하고 있었다.

당시엔 이취의 명성이 알리바바보다 훨씬 높았으며 주목을 받고 있었다. 이후에도 계속해서 자금을 끌어들인 이취는 2000년 각국에서 총 2,050만 달러의 투자를 받아 닷컴 열풍이 사그라지면서 인터넷업계에 냉혹한 겨울이 닥친 시기에도 별문제 없이 버틸 수 있었다. 이취가 한참 이름을 날리고 있을 때 사람들에게 잘 알려지지 않았던 마윈의 알리바바는 항저우에서 조용히 내공을 쌓고 있었다.

그러나 이 두 회사는 2002년 말에서 2003년 초에 서로 다른 길로 접어들게 된다. 이취는 투자받았던 돈이 거의 떨어지고 수익도 악화되기 시작했으며, 시장상황까지 여의치 않게 되었다. 2002

Part 1 거꾸로 뒤집으면 성공이 보인다

년에는 B2C시장과 B2B시장이 각각 98%, 50%씩 성장한 데 비해 C2C시장은 불과 30%밖에 성장하지 않았기 때문이다. 이런 상황에서 사오이보는 어쩔 수 없이 이베이의 합병제의를 수락한다.

한편 이때 알리바바는 투자 자금도 어느 정도 준비하고 본격적으로 움직이기 시작했는데, 이베이라는 거대한 기업이 중국의 독보적인 C2C 기업을 합병한다면 그 파괴력이 만만치 않을 것이라는 사실을 직감한 마윈은 최선의 방어 전략으로 먼저 적극적으로 공격하기로 결심하게 된다. 그리고 그 대상은 이베이이취가 아닌 '이베이'였다.

이베이와 우리는 같다

알리바바가 어느 정도 궤도에 오르자 전자상거래의 전체적인 구도를 고민하던 마윈은 갑자기 이러한 문제를 제기했다.

"전자상거래라는 것은 사실 일정한 틀이 없다. B2B, B2C, C2C라는 게 전부 인위적인 구분일 뿐이다. 개인과 개인의 거래가 확대되면 기업과 기업의 거래가 되는 것이다. 앞으로 5년에서 10년 후에는 이런 구분이 분명 사라질 것이다."

당시 설립된 지 7년째 접어들던 이베이에서는 1만 8,000여 개의 물품이 거래되고 있었고 그 종류도 1달러짜리 녹음테이프에서 500만 달러짜리 비행기까지 없는 게 없었다. 이것을 본 마윈은 이러한 거래가 확대되면 이베이는 분명 알리바바가 목표로 하는 중소기업 간 거래를 중개해주는 B2B 영역까지 침범하리라는 위기의식을 느꼈다.

"내가 지금 아무런 행동도 취하지 않아 3~4년 후에 이베이가 B2B시장으로 들어오는 것을 그저 보고 있어야만 한다면 자금력이나 물품의 종류, 인지도가 훨씬 약한 알리바바에게는 한마디로 재앙이 될 것이다. 하지만 지금 이베이에게 알리바바는 아무런 문제거리가 되지 않는다. 나는 이베이가 우리를 무시하는 것이 오히려 우리가 선수를 칠 수 있는 최고의 기회라는 것을 깨달았다."

마윈이 이러한 생각을 할 때, 이베이는 중국시장점유율 90%를 자랑하는 이취를 합병하면서 중국시장에 발을 들여놓았다. 이베이의 막강한 자금력과 강력한 브랜드의 힘까지 가세한 상황에서 마윈은 도대체 어떤 곳에서 기회를 간파한 것일까?

"그것은 아무런 문제도 되지 않았다. 당시 중국의 네티즌은 약 8,000만 명이었지만 이취 사용자는 500만 명밖에 되지 않았다. 좋다, 그럼 500만은 너희가 가져라. 남은 7,500만 명의 잠재고객이 바로 우리의 타깃이다. 2002년 중국의 전자상거래시장은 아직 걸음마단계였고 기복이 심해 한마디로 단정을 내리기엔 좀 이른 감이 있었다. 오로지 변하지 않는 것은 변화뿐이다. 이것이 우리의 신념이다."

소프트뱅크 CEO 손정의와 만나다

　타오바오의 설립계획에서 절대 빼놓을 수 없는 또 하나의 인물이 있다. 바로 인터넷과 떼어놓을 수 없는 사업가이자 마윈과도 친분이 매우 깊은 한국계 일본인 '손정의'이다.

　손정의는 소프트뱅크그룹의 설립자이자 이사장으로 20년도 안 되는 기간에 인터넷제국을 건설한 사람이다. 1995년 미국의 야후에 거액을 투자하면서 최고의 인터넷기업으로 키워낸 그는 일본에 야후저팬을 설립하면서 일본인터넷업계의 70%를 좌지우지하여 '미스터 저팬닷컴'으로 불리기도 했다. 후에는 미국의 나스닥을 일본으로 끌어들여 나스닥 일본의 지분을 60% 확보했고 이곳에 그가 투자한 전자상거래업체들을 상장시켰다. 그는 세계 곳곳의 인터넷업체들에 투자했는데 무려 150여 개의 인터넷 관련업체에 투자하여 '소프트뱅크'라는 인터넷 대제국을 건설했다.

손정의는 중국에도 아주 관심이 많아 최소한 200개 업체에 10억 달러 이상을 투자할 것이라고 공공연히 말하곤 했다. 왜냐하면 중국의 네티즌 수는 곧 미국을 추월하여 세계 인터넷산업을 리드할 정도로 불어날 것이라 생각했기 때문이다.

마윈과 손정의는 2000년에 처음 만났다. 마윈을 만난 손정의는 알리바바에 대한 브리핑을 들은 지 6분도 채 되지 않아 투자결정을 내렸다고 한다. 당시 인터넷 열풍이 불던 상황에서는 이러한 투자방식이 그리 낯선 것은 아니었지만 인터넷에 미친 사업가와 전자상거래에 미친 사업가의 역사적인 첫 만남은 이후 지속적인 협력관계로 이어졌다.

하지만 어떻게 6분 내에 투자결정을 내릴 수 있었을까? 마윈의 말에서 해답을 찾을 수 있다.

"그의 투자방식은 먼저 사람을 보는 것이다. 그가 사람을 보는 기준은 그 사람이 큰일을 하고자 하는 의욕이 있는가 하는 것이다. 지금 당장 기회가 오지 않더라도 사람을 잘 보았다면 기회는 그 사람을 통해서 온다. 손정의는 바로 투자한 자금을 통해서 그 사람을 잡으려 했던 것이다."

손정의와 마윈은 성격이 비슷하다. 마윈으로서도 당시 골드만삭스로부터 500만 달러를 투자받았기 때문에 돈이 궁한 상황은 아니었는데 다시 소프트뱅크의 2,000만 달러 투자를 받아들인 것은 손정의라는 사람을 믿었기 때문이다. 또 하나는 손정의의 투자를 받을 경우, 알리바바가 세계적인 인터넷기업의 반열에 올라설 수 있다는 기대도 있었다.

Part 1 거꾸로 뒤집으면 성공이 보인다

2003년 초, 마윈은 몇몇 직원들과 일본으로 출장을 갔다. 당시 인터넷업계에서 문자메시지와 온라인게임이 폭발적인 인기를 끌면서 이 분야가 과연 수익모델이 될지 고민하던 끝에 일본으로 직접 건너가서 조사해보기로 한 것이다. 도쿄 일정이 빠듯했기에 마윈은 손정의와의 만남을 다음 기회로 미루려 했다. 그러나 마윈이 일본에 왔다는 소식을 들은 손정의는 반드시 만나야 한다며 급히 전화를 걸어왔다. 마윈은 공항으로 향하던 차를 돌려 도쿄에 있는 손정의의 사무실을 방문했다.

마윈은 당시 상황을 이렇게 회상했다.

"나를 처음 보자마자 그가 한 말이 뭔지 상상이 가는가? 바로 B2B, B2C, C2C는 결국 동일하며 이베이와 우리는 같다는 것이었다!"

당시 이베이는 세계적으로 막강한 힘을 자랑하고 있었기 때문에 아무도 이베이를 이긴다는 것을 상상하지 못했다. 그러나 야후 저팬은 일본의 C2C시장에서 이베이와 전면전을 벌인 결과, 놀랍게도 시장점유율의 70%를 뺏어왔다. 이 때문에 손정의는 이베이를 얼마든지 이길 수 있는 상대라고 믿고 있었고 당연히 중국에서도 가능하리라 내다본 것이다. 왜냐하면 그는 이베이의 경영전략이 아시아시장과는 거리가 있다는 것을 간파했기 때문이다. 이때의 만남에서 마윈은 타오바오를 설립하기 위한 투자금을 얻게 되었다.

최선의 방어는 적극적인 공격

2003년 사스 공포가 불어 닥치던 시기, 마윈은 C2C시장에 진출하기로 결심하고 암암리에 준비작업을 진행하고 있었다. 7월에 도쿄에서 2차 투자협상을 하자는 손정의의 제안을 받은 마윈은 일본으로 건너가 투자에 관해 구체적으로 담판하게 되었는데 그 과정은 쉽지 않았다. 첫 번째 투자협상보다 어렵게 진행되었던 담판은 어이없게도 간단히 풀렸다. 회의가 길어지자 동시에 화장실에 간 두 사람이 그 자리에서 8,200만 달러를 추가로 투자하기로 결정한 것이다. 이 역사적인 투자결정은 하나의 미스터리처럼 남아 있다. 이 투자는 타오바오뿐 아니라 알리바바에게도 역사적인 의의를 갖는 것이며 세계 인터넷업계에도 큰 영향을 미치게 되었다.

"상품평을 5만 개 미만으로 받으신 판매자분들은 앉으십시오."

이베이의 CEO 휘트먼이 단상에서 이렇게 말했다. 세계 각지에서 온 이베이 판매자들로 꽉 찬 회의장 안에서 처음에는 모든 사람이 일어서 있었으나 여러 조건에 걸린 사람들이 차례대로 앉고 맨 마지막에는 단지 7~8명만 서 있었다. 잠시 적막이 흐른 후 회의장은 박수소리로 가득 찼다. 그리고 최후까지 서 있던 사람들은 감격의 눈물을 흘렸다.

이 사람들이 이렇게 선망의 대상이 된 이유는 이들이 이베이를 통해 5만 명 이상의 사람들과 거래하며 진정으로 성공한 비즈니스맨으로 인정받았고, 동시에 부를 거머쥐었기 때문이다. 이들의 면면을 살펴보면 우리가 생각하는 노련한 상인들의 모습과는 거리가 멀다. 하지만 이들은 모든 이베이 판매자들의 우상이 되었다.

현재 이베이에서는 세계적으로 5,000만 개의 상품이 거래되는데 1초마다 1,344건의 상품이 거래되고 있고 이베이를 통해 오고가는 정보 데이터의 양은 초당 14기가바이트이다. 이베이의 12개 분류 항목 중 2005년도의 거래현황을 살펴보면 자동차가 129억 달러로 가장 많았고, 전자제품이나 의류가 30억 달러 정도이며, 거래규모가 가장 적은 카메라 같은 것도 1년에 13억 달러에 달했다. 세계 최대의 전자상거래업체인 이베이는 사업초기부터 수익을 내기 시작하여 2005년 1/4분기의 순이익만 10억 3,000만 달러를 올렸다.

이 글은 〈CEO&CIO IT經理世界〉라는 잡지에 실린 기사이다. 한번 상상해보자. 만약 이 당시에 마윈이 C2C시장에 진출하려는 생각을 하지 않고 손정의의 투자금을 받지 못했다면 이 기사를 보고 얼마나 두려움에 떨었겠는가. 그가 상상한 전자상거래의 미래가 점점 현실화되고 있었던 것이다. 즉 이베이의 C2C 플랫폼에서 수많은 사람들이 '성공한 비즈니스맨'으로 열렬한 박수를 받고 있으며 점점 더 많은 기업들이 이베이에서 거래할 것이다. 그리고 사람들은 대부분 이베이를 세계 최대의 전자상거래시장으로 생각할 뿐 결코 최대의 C2C 사이트라든가 개인간 온라인경매사이트라고 생각하지 않는다.

이런 점에서 손정의와 마윈의 선견지명에 놀라면서 왜 마윈이 최선의 방어전략으로 적극적인 공격을 선택했는지를 이해할 수 있다. 마윈은 경쟁전술에 관한 자신의 생각을 이렇게 털어놓았다.

"나는 절대 상대방이 지금 무엇을 하는지는 보지 않는다. 다만 앞으로 무엇을 할 것인가에 관해서는 관심 있게 지켜본다. 상대방이 앞으로 어느 쪽으로 갈 것인지 파악하면 그를 앞지를 수 있다. 다시 말하면 상대가 고개를 숙이고 묵묵히 노력해서 목표에 도달한 뒤 위를 쳐다보면 알리바바가 그곳에서 기다리고 있는 상황을 만들어내려는 것이다."

중국시장에 진출하기로 결정한 이베이가 나중에는 B2B시장으로 진출할 것은 뻔하다. 그러면 가까운 장래에 경쟁이 치열해지리라 예상한 마윈은 오히려 이베이가 강력하게 점령하고 있는 영역에 지뢰를 파묻기로 결정했다. 그리고 그 C2C시장에서 이베이와 지구전을 펼치게 된다면 B2B 분야에서 알리바바는 안전을 확보하게 된다.

Part 1 거꾸로 뒤집으면 성공이 보인다

PART 2

매출 1위안으로 시작된 타오바오의 기적

"세상의 변화는 예측하기 어렵다.
오늘 잔혹했으면 내일은 더 잔혹할 것이다.
그리고 모레쯤 좋아질 것이다.
그래서 우리는 포기하지 않고 노력할 것이다.
마지막까지 인내하고 버티는 자에게 기회가 온다."

베일에 싸인 출발

2001년 마윈은 이듬해까지 매출 1위안을 달성하겠다고 선포했다. 판매부서에서 중책을 맡고 있던 쑨퉁위는 그것이 무리한 목표라는 사실을 누구보다 잘 알고 있었지만 의구심을 품지 않고 묵묵히 일했다. 그 결과 2002년 10월, 알리바바는 마침내 꿈만 같았던 '매출 1위안'을 달성했다. 그 후 매출액이 수백만 위안으로 늘어나자 마윈은 신규 수익원을 창출하기 위해 투자전담부서를 설치할 계획을 세웠다. 그 소식을 전해 들은 쑨퉁위는 기대감에 부풀었다. 한번 마음먹은 일은 끝까지 해내고야 마는 성미였던 쑨퉁위는 틈 날 때마다 마윈과 CFO Chief Financial Officer, 최고재무관리직인 차이충신을 찾아가 투자전담부서에 대한 비전을 피력하는 것은 물론 출장길에도 동행하는 등 기대감을 현실로 바꾸어놓기 위해 부단히 노력했다.

사실 그때까지만 해도 쑨퉁위는 투자가 구체적으로 어떠한 방식으로 이루어지는지 제대로 알지도 못했으므로 투자에 대한 개념이 없었다고 해도 지나친 말이 아니다. 다만 투자 업무에 관심이 생겼고, 모르는 분야일수록 더 배워야 한다는 생각에 투자전담부서를 지원했을 뿐이다. 나중에 차이충신이 쑨퉁위를 불러 투자에 대한 견해를 묻자 그는 단 한 마디로 대답했다.

"광범위하게 분산투자를 하기보다는 핵심 업무를 중심으로 한 투자가 바람직하다."

이 같은 그의 투자에 대한 확고한 신념은 결국 마윈과 차이충신의 마음을 움직여 2002년 12월 1일 정식으로 투자전담부서를 설립하고 그를 책임자로 임명하게 만들었다.

2003년 초 어느 날, 마윈은 쑨퉁위를 불러 앞으로 C2C 소비자 간 거래 사이트에 투자할 계획이라고 밝히고 그의 의견을 구했다. 그전까지 C2C시장에 대해 한 번도 생각해본 적이 없었던 쑨퉁위는 마윈의 계획을 듣고는 이내 연구에 몰두하기 시작했다. 비록 큰 성과를 거두지는 못했지만 그의 가슴은 다시금 기대감으로 벅차오르면서 이 프로젝트 역시 무척 흥미로울 것이라는 생각이 들었다. 사실 쑨퉁위는 기업 대상 거래보다는 소비자 대상 거래에 관심이 더 많았기 때문이다. 그러나 투자전담부서에서 아직까지 제 몫을 다 해내지 못하던 처지였으므로 지난번처럼 틈나는 대로 마윈을 찾아가 자기주장을 펼칠 수는 없었다.

다만 적임자를 물색해본 결과, 자신이 C2C 업무를 맡을 가능성이 유력하다는 확신이 섰다. 당시 다른 동료들은 모두 몇 개월에 걸쳐 중요한 프로젝트를 수행하고 있었던 반면, 쑨퉁위가 추진하는 프로젝트는 한 건도 없었으므로 매우 유동적인 위치에 있었기 때문이다. 결국 쑨퉁위의 분석은 적중했고 마윈은 그에게 투자전담부서에서 철수하여 C2C 프로젝트를 맡으라는 지시를 내렸다.

10명으로 구성된 드림팀

마윈은 C2C 프로젝트를 대외비로 추진하는 것은 물론 사내에서도 보안을 유지하도록 각별히 신경 썼다. 그래서 C2C 프로젝트팀에 참여하기 위해서는 사전에 기밀유지계약서를 써야 했다. 영문으로 된 이 계약서는 좋게 말하면 너무 전문적이고 나쁘게 말하면 너무 난해해서 도통 무슨 소리인지 알 수 없었다. 그러나 고위 관계자들은 회사에서 영어를 제일 잘 하는 마윈도 이해를 못하는데 자신들이 모르는 게 무슨 흉이 되겠냐며 매우 흡족해했다. 난해한 기밀유지계약서를 받아든 고위 관계자들은 회의실에 앉아 사전에 물색해둔 10명의 직원을 한 사람씩 불렀다.

2003년 3월 말, 퇴근시간이 다 되었지만 알리바바에는 많은 직원들이 자리에 남아 있었다. 할 일을 다 못 끝낸 직원도 있었고, 사무실에 앉아 묵묵히 자리를 지키는 직원도 있었다. 어느 누구도 10명의 직원이 차례로 마윈의 사무실로 불려 들어갔다는 사실은 눈치 채지 못했다.

마윈의 사무실 안에는 마윈을 포함한 회사의 고위층이 엄숙한 표정으로 그들을 기다리고 있었고 샤오바오도 그중 하나였다. 마윈은 그에게 "회사에서 비밀 프로젝트를 추진하고 있는데 당신이 맡아주길 바란다. 아주 어려운 일일 뿐 아니라 시간도 많이 걸려서 어쩌면 2~3년 동안 집에 들어가지 못할지도 모른다. 당신의 밝은 미래를 보장한다는 약속도 해줄 수 없다. 다만 비밀 프로젝트를 수행하는 동안 대우와 복지가 예전보다는 나아지리라는 점은 약속할 수 있다. 프로젝트의 구체적인 내용은 말해줄 수 없지만 이 프로젝트가 회사의 미래에 결정적인 영향력을 행사할 것이라는 점은 확실하다. 이 팀에 합류할 뜻이 있으면 테이블 위에 놓인 계약서에 사인하라"며 엄포를 놓았다.

2~3년 동안 집에 못 들어갈 각오를 해야 할 뿐 아니라 승진이나 보너스 지급도 보장해줄 수 없다는 회사측의 태도만 보면 특별 프로젝트 팀원을 모집한다기보다는 공포의 외인구단을 조직한다는 표현이 더 어울렸다.

샤오바오는 테이블 위에 놓인 계약서를 훑어보고는 자신의 영어 실력으로는 도저히 이해하기 힘들다는 사실을 깨달았다. 자신을 뚫어져라 쳐다보는 10명이 넘는 고위층의 시선을 느끼는 순간 계약서 내용을 자세히 검토할 필요가 없겠다는 생각이 불현듯 뇌리를 스쳤다. 샤오바오가 계약서에 서명을 마치자 만면에 미소를 띤 마윈이 그의 어깨를 툭툭 치면서 드림팀의 일원이 된 것을 축하해주었다.

그렇게 10명의 서명을 모두 받아낸 마윈은 고위층과 이제 막 구성된 드림팀과 함께한 만찬석상에서 처음으로 야심찬 프로젝트인 C2C 분야 진출 건에 대해 발표했다. 샤오바오의 증언에 따르면 당시 마윈은 "이베이 같은 사이트를 한번 만들어 봅시다!"라고 우렁차게 외쳤다고 한다.

샤오바오는 어느 누구에게도 프로젝트에 대해 발설하지 않고 기밀을 유지하기 위해 종전과 다름없이 근무했다. 그러다가 4월 10일을 기점으로 9명의 다른 팀원들과 함께 업무 인수인계도 하지 않고 알리바바 사무실에서 집단 잠적해버렸다.

어떠한 일들이 기다리고 있을지 전혀 예상치 못했던 샤오바오를 포함한 10명은 너나 할 것 없이 새로운 업무에 대한 기대감에 부풀어 있었다. 그러나 마윈은 도저히 완수할 수 없을 것만 같은 지시사항을 하달했다. 그것은 한 달 안에 '이베이에 버금가는 사이트'를 제작할 수 있도록 디자인과 콘텐츠를 포함한 전체적인 틀을 완성하라는 명령이었다. 데드라인인 5월 10일이 되자 마윈은 한 치의 망설임도 없이 당당하게 결과물을 요구했다.

드림팀원을 모집할 때 엄포용으로 사용했던 베일에 싸인 그 영문 계약서는 알리바바의 파일 보관함에 들어간 뒤로 다시는 빛을 보지 못했다. 사실 계약서 내용보다도 10명의 직원이 그 계약서에 사인했다는 점이 더 중요했다. 선발된 10명 모두 하나같이 업무 능력이 뛰어나고 창의력이 풍부하며 애사심이 강한 직원들이었으므로 안심하고 프로젝트를 맡길 수 있었던 것이다.

이들 10명의 드림팀은 타오바오의 창립멤버들이며 그중 일부는 알리바바의 창립멤버이기도 하다. 당시 마윈은 C2C 사이트의 프로젝트를 시작하기에 앞서 몇 년 동안 집에 못 들어갈 각오를 해야 한다고 '으름장'을 놓아 공포 분위기를 조성하는가 하면 "열심히 해달라. 실패해도 상관없다. 알리바바의 문은 언제든 열려 있다"며 독려하기도 했다. 물론 쑨퉁위와 다른 직원들은 모두 그 말을 빈말로 받아들였다.

"실패하면 무슨 면목으로 돌아가겠는가? 말도 안 된다."

그 말을 들은 10명은 프로젝트가 성공하기 전에는 절대 돌아가지 않겠다는 서슬 퍼런 출사표를 던졌다.

지상 최대의
타오바오
상륙작전

    무협마니아이자 밀리터리마니아이기도 한 마윈은 싸움이나 전쟁을 비유로 드는 것을 좋아한다. 그는 알리바바가 C2C 분야로 진출하는 것을 노르망디 상륙작전에 비유하며 전쟁문학의 고전인 《지상 최대의 작전The Longest Day》을 알리바바 직원의 필독서로 선정하기도 했다.

    코넬리우스 라이언이 10년 동안 혼신의 노력을 기울여 완성한 이 작품은 26개 언어로 번역되어 판매부수만 1,600만 부를 돌파한 베스트셀러다. 리얼리즘이 돋보이는 이 작품은 노르망디 상륙작전의 배경과 전투 과정 등 짙은 피비린내와 강렬한 화염에 휩싸인 전쟁터의 참혹한 모습을 생생하게 담아냈다. 이 작품을 보면 1944년 6월 5일부터 6월 6일까지 24시간 동안 세계의 운명을 바꿔놓았던 전쟁 속에서 두 진영의 장군과 사병들이 겪었던 고통과 아픔을 피

Part 2 매출 1위안으로 시작된 타오바오의 기적

부로 느낄 수 있다.

전쟁은 단순한 무력 싸움이 아니라 냉혹한 심리전이기도 하다. 이 때문에 전쟁의 가장 큰 묘미는 전략과 전술을 세우는 짜릿한 두뇌 게임이 아닐까? 한 수만 잘못 두더라도 세계의 역사가 바뀔 수 있으니 말이다.

당시 독일 라디오방송국에서는 '연합군이 공격해오면 성을 간다'고 요란하게 떠들어대며 고도의 심리전을 펼쳤는데 이를 통해 불안에 떨던 독일군의 심리상태를 엿볼 수 있다. 《지상 최대의 작전》에서는 사실상 연합군의 작전이 이미 노출되었다는 대목이 나온다. 연합군 통신병의 말도 안 되는 실수로 "연합군이 6월 5일 프랑스 남부 해안에 상륙하여 공격을 개시한다"라는 전보가 흘러나갔고 독일 첩보원이 입수한 이 정보는 사령부에 전달되었다. 흥미로운 사실은 어찌된 영문인지 백전노장이었던 독일군 사령관들이 이러한 밀보를 간과했다는 점이다.

연합군은 전략이 노출되지 않도록 아군의 동태를 최대한 숨겨 전쟁 전야까지도 적군을 안심시켰다. 영국 남부 해안에 집결한 대규모 군사들이 칠흑 같은 어둠 속에서 독일군에게 발각되지 않고 무사히 해협을 건너 프랑스 남부에 도달한 것은 정말 기적이 아닐 수 없었다. 단 1초만 시간을 벌더라도 승산이 높아지게 마련이므로 연합군은 조심스레 작전을 수행했다. 이러한 전술 때문에 '사막의 여우'라 불리던 독일의 롬멜 장군은 베를린으로 돌아가 한가로이 휴가를 보냈고, 결국 노르망디를 고스란히 내어주는 꼴이 되어버렸다.

2002년 3월 18일, 중국의 이취와 미국의 이베이가 전략적 협력 파트너십을 맺었을 때 매스컴은 다음과 같이 보도했다.

"양측의 협의에 따라 이베이는 3,000만 달러의 현금을 투자하여 33%의 지분을 확보함으로써 중국에서 빠른 성장세를 보이고 있는 인터넷시장에 진출할 수 있게 되었다. 한편 이취는 이베이의 막강한 자금력과 풍부한 경험을 바탕으로 중국 전자상거래 분야에서 입지를 더욱 강화할 수 있을 것이다. 이번 협력은 분명 중국 인터넷산업의 발전에 중요한 이정표가 될 것이다."

이베이의 CEO 휘트먼은 자신의 포부를 당당히 밝혔다.

"이취와의 협력은 이베이 세계화 전략의 중요한 한 걸음이 될 것이다. 향후 3~4년 동안 중국 전자상거래시장은 12배 성장하여 160억 달러에 이를 것으로 예측된다. 우리는 이취와 손 잡고 무궁무진한 잠재력을 갖고 있는 중국시장을 개척하여 세계적인 거래시장을 구축할 것이다."

이처럼 자신감 넘치는 상대와 맞서 싸우기 위해 마윈은 타오바오 프로젝트를 철저히 비밀에 부쳤다. 회사의 존망이 걸린 전쟁에 임한 마윈은 아이젠하워와 마찬가지로 언제, 어디서, 어떻게 상륙할지 상대가 전혀 알아채지 못하도록 했다. 이로써 '비열'하다고 욕먹을 각오를 하면서 타오바오 창립멤버들에게 프로젝트를 제안할 때 그는 먼저 기밀유지계약서부터 받아냈다. 그리고 2003년 4월에는 알리바바 직원 10명과 함께 사무실에서 종적을 감춰버릴 정도로 그의 경계심은 대단했다. 아무런 예고도 없이 업무 인수인계조차 하지 않았으므로 다른 직원들은 전날 저녁까지도 사무실에서 묵묵히 일하던 동료들의 행방에 대해 의견이 분분했다. 때때로 인터넷이나 야후 메신저에서 모습을 보이곤 할 때 말을 걸어도 그들은 어떠한 대답도 하지 않았다. 당시 그들이 사직했는지 아니면 병이 났는지 행방을 아는 사람은 아무도 없었고 설사 알고 있다고 해도 '기밀유지'라는 마윈의 엄명이 있었으므로 감히 입 밖에 내는 사람이 없었다.

마윈이 이처럼 신중을 기하고 조심스러운 태도를 보였던 것은 일단 계획이 노출되면 타오바오는 세상의 빛을 보기도 전에 막강한 상대에게 짓밟혀버릴 것이 분명했기 때문이다. 마윈은 상대를 진퇴양난의 상황에 몰아넣은 다음 기병을 투입하여 입지를 강화할 생각이었다. 상대가 강적이었으므로 마윈의 이러한 전술은 정말 뛰어난 지략이라 할 수 있다. 타오바오 창립멤버들은 후판화원에 위치한 마윈의 아파트에서 비밀리에 C2C 사이트의 플랫폼 개발 프로젝트를 추진했다.

후판화원으로의 귀환

후판화원은 알리바바 발전사에서 중요한 의미가 있는 곳이다. 이곳은 마윈이 18명의 창립멤버와 함께 항저우로 돌아왔을 때 그들과 생사고락을 같이한 알리바바의 창립지이자 마윈의 집이기도 하다. 당시 모든 직원은 자신의 호주머니를 털어 50만 위안의 창업자금을 어렵사리 모았고 일인당 월급은 고작 500위안(한화 약 10만 원)에 불과했다.

마윈은 후판화원에서 보낸 이 시간을 가장 큰 자랑으로 여긴다. 그 시절엔 알리바바 직원들의 참신한 아이디어가 어느 때보다 많이 샘솟았으며 알리바바의 가장 중요한 가치관 역시 그때 형성되었기 때문이다.

C2C 사이트 프로젝트가 시작되던 시점, 알리바바의 생사존망이 걸린 절체절명의 순간에 마윈이 자신에 대한 신망이 두터웠던 10명을 후판화원의 아파트로 데려온 것은 이 아파트가 그들에게 알리바바 창립 시절과 같은 열정과 아이디어 그리고 행운을 가져다줄 것이라고 굳게 믿었기 때문은 아니었을까?

"우리 팀 10명 중 3명이 기술 업무를, 나머지 직원들이 사이트 운영과 고객 서비스 업무를 맡았다. 후판화원으로 돌아와서 제일 처음 한 일은 사이트의 방향을 정하는 것이었다. 하지만 사이트를 어떻게 만들어야 할지 감이 잡히지 않아서 고생했다. 그래서 유사 사이트들을 모조리 찾아내 연구하기 시작했다. 그런 과정에서 기술적인 문제가 불거져나왔다. 하루 평균 방문자수가 1,000만 명에 달하는 사이트를 어떻게 만들어야 하나 하는 문제가 발생했다."

기술진은 이 문제로 꼬박 3일을 방에 틀어박혀 고민했다.

"사실 방문자수 1,000만은 정말 별것 아닌데 그때는 왜 그렇게 겁을 먹었는지 지금 생각하면 피식 웃음이 나온다. 현재 타오바오의 하루 평균 방문자수가 1억 명이 넘기 때문이다. 쑨퉁위가 실시간 커뮤니케이션이 가능하고 하루 평균 방문자수 1,000만이 넘는 사이트를 구축해야 한다고 했을 때 모두 농담하지 말라면서 알리바바로서는 불가능한 일이라고 손사래를 쳤다. 하지만 이 같은 기본적인 문제가 해결되지 않으면 C2C 사이트는 꿈도 꿀 수 없었다. 그래서 쑨퉁위는 몇 시간마다 한 번씩 뛰어 들어와서 가능하겠냐고 연거푸 묻곤 했다. 애석하게도 우리는 불가능하다는 대답밖에 할 수 없었다. 3일째 되던 날 약간 희망이 보여 쑨퉁위한테 가능할 것 같다는 말을 하자 쑨퉁위는 기뻐서 어쩔 줄을 몰라했다. 그렇게 1만 8,000위안에 달하는 타오바오의 첫 서버를 구입하고는 본격적인 시스템 구축 작업에 착수했다."

당시에는 C2C 사이트가 어떤 방식으로 운영되는지 잘 몰랐고 이베이 사이트를 보면서 경매가 C2C 사이트의 유일한 방식인가하고 막연하게 생각했다고 한다. 그래서 온·오프라인의 경매가 어떻게 이루어지는지 개략적으로 살펴본 다음, 적합한 소프트웨어를 온라인으로 구입했는데 일주일이 넘도록 아무런 소식이 없었다. 모두들 혹시 사기라도 당한 건 아닌지 초조해하기 시작했고 그렇게 며칠을 더 마음을 졸이고서야 제품이 도착했다. 기술팀은 제품을 넘겨받은 다음 사이트를 만들었고 부푼 가슴을 안고 테스트를 했다.

전화위복의
기회가 된
'사스'

　　마윈은 직원들에게 언제나 불가능해 보이는 임무를 부여한다. 도대체 어디서 그런 생각이 나오는지 그의 지시를 들은 직원들은 한결같이 '불가능'이라는 단어를 먼저 떠올리게 되니 그저 신기할 따름이다. 그러나 언제나 같은 상황이 연출되며 직원들은 어떻게든 임무를 완수해내고야 만다. 이는 마윈이 그들의 잠재력을 알아보는 탁월한 안목을 지녔다는 사실을 방증한다.

　　마윈은 직원들에게 5월 10일까지 사이트의 시험 운영 테스트를 마치라는 지시를 내렸다. 언제나처럼 주어진 시간이 매우 짧았으므로 엔지니어들은 사이트 개발에 박차를 가하는 한편, 운영과 서비스 담당은 매일 이베이와 이취 사이트를 방문해 연구에 몰두했다. 어떤 날은 하루 종일 C2C 사이트 커뮤니티에 들어가 회원들과 채팅하면서 그들이 어떤 사이트를 원하는지 의견을 구하는가

하면 그들의 사이트 이용 습관을 조사하기도 했다. 모든 업무가 이렇게 순조롭게 진행되던 그때 모두를 당황시킨 중요한 사건이 발생했다.

2003년 봄, 전 세계를 공포에 떨게 한 중급성호흡기증후군 '사스Sars'가 중국 남부 지역에 급속도로 확산되기 시작한 것이다. 당시 의학계에서는 이 병의 원인을 규명하지 못했고 사망자가 생기면서 국민의 사스에 대한 공포감은 극에 달했다. 이로써 사스라는 두 글자와 조금이라도 관련된 사람들은 모두 괴물 취급을 받기도 했다.

2003년 항저우는 사스 방역조치를 가장 잘한 도시로 손꼽혔다. 당시 시민들 모두 사스에 대한 경계심을 늦추지 않았던 항저우에서는 단 한 건도 발생하지 않았다. 그러나 4월 18일 사스 환자가 발견되었고, 항저우 시는 즉각 도시를 8개의 위험지역으로 분류하고 158곳의 격리수용소를 설치했다. 환자와 조금이라도 접촉한 사람들은 모두 격리되었고 배우자, 자녀, 형제자매, 이웃, 친척, 친구는 물론 환자를 태웠던 택시기사와 병원 원무과 직원까지도 격리조치되었다. 이는 당시 항저우 시민들의 사스에 대한 경계심이 어느 정도였는지 엿볼 수 있는 대목이다.

2003년 4월 30일 오전, 항저우 시장이 알리바바를 방문하여 사스 발생 이후 위기 상황에서 회사 업무는 잘 돌아가는지, 전자상거래를 이용해 난관을 극복할 수 있는지 물었다. 시장은 알리바바를 시찰하면서 사스가 무역에 막대한 지장을 초래한다면서 기업들이 어려움을 헤쳐나가는 데 전자상거래가 중요한 역할을 할 것이라고 독려했다.

항저우 시장의 시찰은 전자상거래의 우수성을 널리 알리는 계기가 되었다. 인터넷을 통해 원거리 교역이 가능하므로, 고병원성 질병이 창궐한 당시엔 무역 업무를 정상으로 가동하기 위해서는 전자상거래가 제 역할을 톡톡히 해낼 수 있기 때문이었다. 그러나 항저우 시장이 다녀가고 얼마 뒤 알리바바의 한 직원이 사스 환자로 판명되는 불행한 사건이 발생했다.

갑작스러운 '유명세'

2003년 알리바바의 지명도는 최고조에 달했다. 항저우에 발생한 사스 환자 네 명 중 한 명이 바로 알리바바의 직원이었기 때문이다. 알리바바 직원들은 당시 상황을 다음과 같이 회상한다.

"지금은 사스 덕분에 지명도가 많이 올라갔다고 농담처럼 말하곤 한다. 업계는 물론 항저우 사람이라면 남녀노소를 불문하고 누구나 우리 회사를 알게 되었으니까. 하지만 당시엔 정말 무서웠다. 알리바바 직원이라고 하면 괴물 취급을 받았다. 그래서 어디 가서 차마 알리바바 직원이란 소리도 못했다. 격리조치가 끝나고 나서도 '사스 직원'이라고 손가락질 받았다."

당시 광저우는 사스 고위험 지역으로 분류되어 있었지만 알리바바의 중국공급업체들이 고객들에게 불가피한 상황이 아니면 전시회에 반드시 참석하겠다고 약속했기 때문에 알리바바는 광저우 교역회에 직원을 파견할 수밖에 없었다. 원래 계획대로라면 그 직원은 항저우로 돌아와 이틀간 쉰 다음, 노동절 연휴를 보내기로 되어 있었다. 광저우 출장을 다녀온 그녀는 기침을 비롯한 뚜렷한 감기 증상을 보였지만 유독 성실했던 탓에 마무리하지 못한 업무를 수행하기 위해 잠시 회사에 들렀다. 물론 그사이 여러 직원과 대화를 나누는 등 접촉이 있을 수밖에 없었다. 그 후 그녀가 사스 확진 환자로 판명되면서 알리바바 본사 또한 주요 방역 대상으로 분류되었고 그 소식은 급속도로 퍼져나갔다.

마윈은 회사의 리더로서 같은 빌딩에 입주한 회사들의 비난을 한 몸에 받아야 했기 때문에 당시 그의 스트레스는 극에 달했다. 어떤 사람은 사무실로 쳐들어와 집기를 부수면서 화풀이하기도 했다. 더욱 그를 힘들게 한 것은 "하필 왜 그때 광저우에 직원을 파견했느냐?"며 직원들과 그 가족이 비난한 것이었다.

"회사 사무실이 완전히 봉쇄되고 직원들은 대부분 집에 격리될 것이라는 소식을 전해들었다. 흥미로운 사실은 항저우 시장이 알리바바를 다녀간 다음 사스와 같은 전염병이 창궐한 지금이야말로 전자상거래가 힘을 발휘할 때라는 내용을 골자로 하는 담화를 발표해 우리에게 큰 힘이 되었지만 결국 시장님과 수행원들도 모두 격리되었다는 것이다. 그날 오후에 우리 직원들은 전화기, 컴퓨터, 팩스 등을 챙겨서 대피하듯 사무실을 빠져나왔다."

마윈은 사스 위기를 긍정적으로 해석했다.

"우리에겐 좋은 경험이었다. 사스가 전 직원을 하나로 단결하도록 만들어줬기 때문이다."

당시 300여 명이던 알리바바 직원들은 잠시 동안 뿔뿔이 흩어져 일할 수밖에 없었다. 그러나 위기는 회사에서 필연적으로 나타나게 마련인 직원들의 알력 싸움이나 심리적인 거리감을 해소하는 계기가 되었다. 그뿐만 아니라 전자메일이나 인터넷 채팅을 이용해 의견을 교환하면서 좀더 솔직하고 직접적인 방식으로 이야기하게 되어 업무 효율 또한 높아졌다. 마윈은 이러한 커뮤니케이션 방식을 선호하여 직원들과 직접 온라인으로 실시간 대화를 나누곤 했다.

사스와의 싸움에서 결국 알리바바는 승리를 거두었다. 병마와 싸우던 직원은 완치되어 다시 업무에 투입되었고 회사 내부에서는 이후 단 한 명의 감염자도 나오지 않았다. 비록 사무실이 한동안 어수선하여 판매직원을 포함한 전 직원이 집에서 일하는 사태가 발생했지만 전자상거래의 우수성이 입증되면서 매출은 급신장했다.

한편 마윈의 엄명으로 알리바바에 출근하지 않던 타오바오 팀원들에게는 사스가 오히려 전화위복이 되었다. 알리바바 직원들이 강제 격리조치되었을 때 10명은 이미 후판화원에서 일하며 매주 한 번씩만 집에 돌아갈 수 있었기 때문이다. 그러나 쑨퉁위에게는 이러한 외출조차 허락되지 않았다. 격리되어 집 밖 출입을 못하던 그는 타오바오 팀원들과 야후 메신저로 연락하면서 업무를 진행했고, 2003년 4월 말, 사이트 오픈 준비 작업이 마무리되었을 때도 그는 집 밖으로 한 발짝도 나갈 수 없었지만 5월 10일에 사이트가 차질 없이 오픈된다는 기쁨에 들떠 있었다.

2003년 5월 10일, 마침내 타오바오 팀원들이 성공적으로 사이트를 오픈하면서 www.taobao.com이라는 도메인 네임이 탄생했다. 그러나 당시의 격리조치 때문에 직접 후판화원을 방문하여 타오바오의 일등공신들과 역사적인 순간을 함께할 수 없었던 쑨퉁위와 마윈은 집에서 야후 메신저를 통해 샴페인을 터뜨리며 직원들과 축배를 들었다.

타오바오에는 없는 물건이 없다

　　웹검색 대신 '구글링'이라는 신조어를 사용하는 것과 마찬가지로 중국에서 '타오바오'는 전자거래의 대명사로 자리 잡아 언제부터인지 모르게 사람들은 오프라인 상점에 없는 물건도 타오바오에서는 살 수 있다는 말을 입버릇처럼 하게 되었다. 5월 초 사이트 오픈을 앞두고 있을 때 직원들은 사이트 이름을 두고 한참을 고민했다. 멤버 10명은 상상력을 총동원해 쇼핑의 즐거움과 편리함을 떠올릴 수 있는 타오진淘金, 러거우樂購, 이거우易購 등 무려 50여 개에 달하는 이름을 내놓았다.

　　쑨퉁위는 그중에서 10여 개의 이름을 적은 리스트를 마윈에게 보여주었고 최종적으로 '타오바오淘寶'라는 이름이 채택되었다. 쌀 일 '도淘'자와 보배 '보寶'자로 이루어진 타오바오는 '없는 물건이 없다'는 의미를 담고 있다. 듣기도 좋고 기억하기도 쉬운 이름을 본 순간, 마윈은 '바로 이거다'라는 감이 왔다고 한다.

타오바오 창립 초기에 기념비적인 경매를 했다. 전 직원의 명함을 모아 각각 사인한 다음 경매를 진행한 것이다. 직원들과 많이 교류한 덕분에 친분이 두터웠던 초창기 회원들 사이에서 친근한 이름이 새겨진 명함은 폭발적인 인기를 끌었고 결국 한 회원에게 수천 위안에 낙찰되었다. 5월 10일, 사이트가 오픈되자 회원들이 속속 등록하여 타오바오에 점포를 개설했다. 그러나 초기에는 거래품목도, 거래량도 많지 않았다. 처음으로 점포를 개설한 판매자는 물론 타오바오 직원이었다. 그는 사이트를 테스트하기 위해 집에 보관해두었던 총 200개의 물건을 모아 판매했다.

첫 거래 역시 직원들 사이에서 이루어졌다. 쉬주가 동료의 용천보검龍泉寶劍을 구입한 것이다. 쉬주는 용천보검 사진을 바라보며 추억에 잠긴 듯 말했다.

"거래가는 300위안한화 약 6만 원이었다. 경매는 온라인으로 진행되었지만 실제로는 둘 다 사무실에 있었기 때문에 직거래를 했다. 사무실을 몇 번이나 이전했지만 지금 사무실에도 용천보검이 걸려 있다. 타오바오 오픈 후 처음 거래된 물품이니만큼 특별한 의미가 있기 때문이다."

초기에는 거래품목도, 거래량도 많지 않았지만 타오바오 커뮤니티를 통해 회원들과 교류하고 친분을 쌓을 시간은 많았다. 그래서 쑨퉁위는 신규 등록한 회원들에게 직접 환영의 메시지를 전달할 수 있었다. 회원들은 대부분 직원들과 두터운 친분을 쌓으면서 사이트 이용자 시각에서 조언을 해주는 등 사이트 개선을 위해 노력했다.

　현재 타오바오는 방대한 회원수를 자랑하지만 창립멤버들은 사이트 오픈 초기의 열정 넘치던 그 시절을 아직도 그리워한다. 흥미로운 사실은 사이트 론칭 초기에는 알리바바 직원들이 타오바오를 경계했다는 점이다. 6월 초, 알리바바의 사내 사이트에는 "알리바바와 흡사한 신생 사이트 하나가 소비자들의 인기를 얻고 있다. 타오바오닷컴을 조심하라"라는 글이 올라왔다. 이 글은 게재되자마자 알리바바 내부 게시판의 핫이슈로 떠올랐다. 타오바오와 관련된 댓글이 수십 개나 달리면서 알리바바 직원들이 점점 타오바오를 주목하게 되었고, 결국 고위층에게도 이 사실이 알려졌다. 마윈은 담담한 어조로 말했다.

　"온라인에서 회자되던 이 이슈는 휴게실에서는 물론 식사할 때도 끊임없이 논란거리가 되었지만 우리는 미온적인 반응을 보였다. 고위층의 이러한 반응에 분노한 직원들은 알리바바와 너무나도 똑같은 사이트가 등장했는데 어떻게 수수방관할 수 있느냐면서 위기의식이 없다고 질책했다. 그런데 눈치 빠른 직원들은 수상한 낌새를 알아차렸다. 우선 타오바오가 등장하기 전에 동료들이 사무실에서 일제히 모습을 감추었고 온라인에서 만나도 무슨 일을 하는지 철저하게 숨겼으니 이상한 생각이 드는 게 당연했다. 게다가 진융의 팬들이 많았던 알리바바처럼 '타오바오' 역시 모든 상담원이 진융 소설에 나온 이름을 사용한다는 점도 의심스러웠을 것이다. 이런 의문점들을 곰곰이 생각해보던 직원들은 타오바오는 알리바바와 무슨 관계가 있는 게 분명하다고 짐작했을 것이다. 우리가 긍정도 부정도 하지 않고 끝까지 침묵을 지키자 무성했던 소문은 점차 수그러들었다."

이취의 합병

바로 그 시점에 중국 전자상거래 역사상 중대한 사건이 발생했다. 6월 12일, 중국의 이취넷이 공식 사이트를 통해 다음과 같이 발표한 것이다.

"세계 최대의 온라인거래 사이트인 이베이가 15억 달러를 추가 투입해 나머지 67%의 지분을 인수함으로써 사실상 이취의 소유주가 될 것이다."

그 후 〈월스트리트저널 아시아판〉과 중국 매스컴에서는 앞 다투어 이베이의 인수합병 소식을 보도했다. 물론 이 인수합병 건은 예견되었던 일이다. 2002년 3월, 이베이가 33%의 이취 지분을 3,000만 달러에 사들이면서 이베이의 관례대로 인수합병 수순을 밟는 것은 사실 시간문제였기 때문이다. 이베이가 중국 최대의 온라인경매사이트의 소유주로 나서면서 다시금 중국 경매시장에 대한 이베이의 야욕이 증명되었다.

이베이 CEO 휘트먼은 중국시장의 잠재력에 주목했다. 그녀는 향후 3~4년 동안 중국의 전자상거래시장은 12배 성장하여 시장 규모가 160억 달러에 이를 것이라고 내다보았다. 한편 이취의 회장이자 CEO인 사오이보도 합병을 긍정적인 시각으로 해석했다.

"온라인거래는 중국 비즈니스의 효율성을 높였을 뿐 아니라인구 대국 중국의 중소기업과 소비자들에게 많은 비즈니스 기회를 창출해주었다. 세계 각국의 온라인거래 플랫폼 구축 경험이 풍부한 이베이와 협력하는 것은 중국 전자상거래를 발전시키는 촉진제가 될 것이라고 확신한다."

2002년 상반기에 이베이는 타이완의 경매사이트인 '파이마이왕拍賣網'의 지분을 100% 확보하면서 불과 2년 만에 시장을 5개국에서 27개국으로 늘렸다. 이처럼 발 빠르게 움직인 이유는 세계에서 성장 속도가 가장 빠른 온라인경매시장으로 부상하는 아시아시장 진입에 박차를 가하기 위해서였다. 하지만 2002년 이베이는 일본의 토종 전자상거래 사이트인 야후저팬의 강력한 저항으로 일본 시장에서 철수할 수밖에 없었는데 이러한 전철을 밟지 않기 위해 이베이는 거액을 투자하여 이취를 통째로 사들였다. 이취의 인수합병 사례를 통해 이베이의 중국을 비롯한 아시아시장 진출에 대한 확고한 의지와 믿음을 엿볼 수 있다.

2002년 3월, 이베이는 3,000만 달러에 33%의 이취 지분을 사들였으나 1년 뒤 당시 지분의 두 배를 확보하는 데 무려 5배나 되는 거액을 지불했으니 이취가 1년 사이 얼마나 많이 성장했는지 충분히 짐작할 수 있다. 업계에서는 중국의 주요 포털 사이트들의 경영 능력이 크게 향상되면서 외국투자자들이 중국 뉴미디어시장의 가치와 성장잠재력을 재평가하게 되었다고 분석했다. 이취의 창립자 사오이보는 다음과 같이 설명했다.

"1년 전에 이베이는 중국시장 진출 기회를 엿보면서 이취를 직접 보고 싶어 했다. 1년이라는 시간이 지나자 이베이는 투자액을 늘려야겠다는 확신이 들었던 것이다. 이베이와 이취의 관계를 연인에 비유해보면 1년 전은 연애를 막 시작하는 단계였고, 지금은 결혼에 골인했다고 할 수 있다."

물론 이취에 그만큼의 가치는 없다고 평가하는 사람도 있지만 이취와 이베이의 결합이 '메이저끼리의 빅딜'이라는 사실은 부인할 수 없다. 이 사건은 마윈이 타오바오닷컴을 설립할 때 왜 그렇게 기밀유지에 주안점을 두었고 사이트를 오픈하고 나서도 개인사이트라고 주장했는지 피부로 느낄 수 있는 계기가 되었다. 그것은 바로 타오바오가 탄생하는 그 순간부터 이베이라는 막강한 상대와 싸워야 했기 때문이다. 이베이라는 존재만으로도 엄청난 심리적 부담감을 느꼈던 마윈은 매순간 경계심을 늦추지 않고 조심스럽게 행동할 수밖에 없었던 것이다.

"타오바오닷컴을 오픈했을 때 회원들의 솔직한 반응이 궁금했다. 알리바바를 사랑하는 회원들이 혹시라도 알리바바와 타오바오의 관계를 알게 되면 냉정하게 평가하기 어려울 테니까."

사실 타오바오는 꽤 오랫동안 개인사이트로 알려져 고객들에게서 더욱 많은 성원을 얻었다. 당시 타오바오 커뮤니티의 게시판에는 드디어 인터넷의 정신에 부합하는 '무료'라는 방식으로 운영되는 개인사이트가 탄생해 이취에 맞서 싸우고 있다고 반색하는 글들이 올라오곤 했다. 약자에게는 동정심을 베풀지만 힘으로 군림하는 강자에게 절대 굴복하지 않는 데 익숙한 중국인이 2001년부터 유료화 전략을 추구하던 이취를 곱게 볼 리 없었다.

해저에 숨어 있던 '타오바오 함대'

타오바오에 대한 회원들의 사랑은 각별했다. 사이트를 오픈한 지 한 달이 되어갈 무렵, 회원들은 '타오바오 탄생 1개월 축하 기념 이벤트'를 개최하자는 제안을 해왔다. 제안을 받아들인 타오바오 직원들은 6월 10일, 커뮤니티에 채팅방을 개설해 회원들과 온라인으로 대화를 나누었다. 이벤트는 몇 시간에 걸쳐 진행되었는데, 회원들의 접속이 폭주하는 바람에 가뜩이나 취약했던 서버가 하마터면 다운될 뻔했다. 한편 자신의 온라인상점에서 판매하는 최상품을 경매에 부치고 그 수익금을 타오바오에 기증하고 싶다고 의사를 밝힌 회원도 등장했다.

"타오바오가 성장해나가는 모습을 하루빨리 보고 싶어요. 수익금으로 서버 몇 대 더 들여놓으셨으면 좋겠어요. 지금은 어려운 상황이니 거절하지 말아주세요."

물론 직원들은 이러한 호의를 거절했지만 이렇게 진심어린 걱정을 해주는 회원들의 모습을 보면서 큰 감동을 받았다. 이러한 성원은 '개인사이트'에 대한 동정심에서 출발했다. 그렇다면 타오바오가 실은 업계에서 이미 탄탄한 입지를 확보한 알리바바의 자회사라는 사실을 알게 된다면 혹시라도 속았다는 기분이 들지는 않을까? 쑨퉁위는 이러한 우려를 다음과 같은 말로 불식했다.

"물론 회원들의 성원에는 동정심도 어느 정도 작용했을 것이다. 그러나 이취가 독식을 취하던 상황에서 타오바오라는 대안이 등장했다는 사실 자체를 기뻐하는 회원들이 더 많았다."

쑨퉁위는 타오바오 프로젝트 준비 작업에 앞서 이취의 커뮤니티에 대한 연구조사를 마쳤다고 밝혔다. 이미 시장점유율이 90%에 육박한 강적과 맞서기 위해서는 먼저 상대를 철저하게 분석해야만 정확한 전술을 구사할 수 있기 때문이다. 사실 그때까지만 해도 타오바오가 과연 C2C시장에 진출할 수 있을지, 진출한다면 어떠한 방식으로 해야 할지 뚜렷한 대책이 없었다.

그러나 조사결과 매매 차익보다 수수료가 더 비쌀 정도로 이취가 수수료를 높게 부과하고 있다는 사실이 밝혀졌다. 또 이취의 서비스에 불만을 품고 있는 회원도 상당수였다. 친절하지 않고 융통성도 없으며 반응도 너무 느리다는 의견이 지배적이었다. 이러한 분석을 통해 이취는 사실 덩치만 컸지 그에 걸맞은 서비스를 제공하지 못하고 있다는 사실을 확인한 타오바오는 성공 가능성이 높다고 확신하게 되었다.

쑨퉁위는 이벤트를 개최할 때 회원들이 보여준 사랑을 통해 타오바오의 예상이 적중했다는 사실을 확인했다며 회심의 미소를 지었다. 타오바오가 10명의 창립멤버에 서비스 직원을 포함시키고, 서비스 직원들의 이름을 무협소설 속 등장인물의 이름으로 통일하며 커뮤니티의 가족적인 분위기 조성에 힘썼던 이유는 바로 회원들에게 좀더 친근하게 다가가서 그들과 유대감을 형성하기 위해서였다. 이렇게 끈끈한 유대감이 쌓이게 되면 개인사이트가 아니라는 사실이 밝혀진다 해도 큰 문제는 발생하지 않게 마련이다.

2003년 7월까지 타오바오 함대는 깊은 해저에 소리 없이 숨어 있었다. 마윈은 타오바오가 일단 수면 위로 부상하면 이취라는 막강한 적과의 힘겨루기가 불가피하다는 사실을 누구보다 잘 알고 있었다. 마윈이 할 수 있는 일은 적의 공격에 대비해 만반의 준비를 하는 것뿐이었다.

마윈은 당시 상황을 이렇게 묘사했다.

"해저에 잠수해 있던 우리는 망원경으로 이취의 동태를 수시로 확인할 수 있었지만 그들은 우리가 어디서 무엇을 하는지 전혀 알 수 없었다."

물론 이처럼 유리한 상황이 오랫동안 지속되지는 못했다.

타오바오가 잠수 작전을 펼친 목적은 단 하나다. 그것은 바로 적에게 치명타를 날리기 위해서였다. 타오바오 함대는 이 목적을 달성하기 위해 '이베이를 쳐부수자'라는 살기등등한 구호를 외치고 또 외쳤다. 이에 대해 쑨퉁위는 다음과 같이 솔직하게 털어놓았다.

"사실 '이베이를 쳐부수자'는 구호를 외치면서 '우리는 할 수 있다'는 자기 최면을 걸었다. 지레 겁부터 먹고 절대 이베이를 이길 수 없다고 단정지어버리는 사람들을 도저히 이해할 수 없었다. 이베이가 그렇게 대단한 상대인가? 물론 이베이가 우리보다 강한 상대라는 사실은 부인할 수 없지만 모두 상상하는 것처럼 그렇게 두려운 존재는 아니다. 타오바오도 그렇게 만만한 상대는 아니니까. 승산이 충분한지 정확히 알기 위해서는 먼저 우리의 장점은 무엇이고 상대의 약점은 무엇인지 철저하게 분석해야 한다. 타오바오의 장점은 무엇일까? 먼저 우리에겐 아주 열악한 환경에서 무에서 유를 창조하다시피한 알리바바를 창업한 경험이 있었다. 그리고 자금도 충분히 확보되었다. 그렇다면 이베이의 약점은 무엇일까? 그것은 바로 서비스에 대한 고객만족도가 높지 않다는 점이다. 높은 수수료에 불친절한 고객응대로 원성이 자자했다. 이메일을 보내도 답장이 없고 자동응답 멘트만 반복되며 상담원과 통화하기가 어렵다는 불만을 제기하는 고객들이 많았다. C2C 사이트는 서비스가 생명이다. 그런데 서비스에 이렇게 큰 취약점이 있는 회사라면 도전장을 내밀어볼 만하다. 우리는 C2C시장에 아무런 기반이 없었다. 그야말로 빈손으로 시작했으니 실패해도 별로 손해 볼 게 없는 것이다. 하지만 성공하면 세계가 우리 손 안에 들어오는 것이다."

MaYun Way

PART 3

'농촌'에서부터 '도시'를 포위하라

"나는 절대 상대방이 지금 무엇을 하는지를 보지 않는다.
다만 앞으로 무엇을 할 것인지에 관해서는
관심 있게 지켜본다. 상대방이 앞으로 어느 쪽으로
갈 것인지 파악하면 상대를 앞지를 수 있다."

돈이 있어도 쓸 곳이 없다

2003년 7월, 알리바바는 추진하던 계획을 수면 위로 올려놓기로 결정했다. 7일부터 9일까지 3일 동안 알리바바는 항저우, 베이징, 상하이에서 각각 기자간담회를 열어 C2C시장에 진출하여 이베이에 도전하겠다는 계획을 정식으로 발표하면서 앞으로 이 프로젝트에 1억 위안한화 약 200억 원을 투자할 것이라고 밝혔다. 이 3일은 중국인에게 매우 특별한 의미가 있었는데, 바로 대학수학능력평가가 치러지는 기간이었다.

"그 시기를 선택해서 기자간담회를 연 것은 알리바바가 시험을 치르겠다는 의미였다. 성공하든 못하든 시험결과는 모두 알게 될 테니까."

7월 4일을 기준으로 타오바오 사이트의 회원수는 1만 7,000명이었고 총 6만 2,000개의 상품이 등록되어 있었으며 하루평균 접속횟수는 30만 회, 방문객수는 2만 5,000명 그리고 매일 2,000여 건의 상품이 새로 등록되고 있었다. 마윈은 이러한 성과가 전적으로 회원들 덕분이라고 말했다. 타오바오의 직원은 사실 소수인데 '타오바오 연맹'의 회원들이 자발적으로 타오바오를 위해 많이 홍보해준다는 것이다. 하지만 얼마 안 가 이것이 너무 낙관적인 생각이었다는 것을 깨닫게 된다.

개미와 코끼리의 싸움

마윈은 원래 호언장담을 꽤 좋아했고 가끔 사람들을 놀라게 할 정도로 당당하게 행동하고 말을 했지만 적어도 2003년 여름 C2C시장에 진출할 당시 마윈의 태도는 너무나도 조심스러웠다. 아마도 중국의 B2B시장에서는 어느 정도 자신감도 있고 사업도 안정된 궤도에 올랐으나 C2C시장에서는 앞날을 예측하기가 어려웠기 때문이었을 것이다. 게다가 그즈음에 경쟁사인 이베이가 중국시장에 1억 5,000만 달러를 투자하겠다고 공언한 탓에 더욱 보수적인 태도를 취할 수밖에 없었다.

여기서 반드시 언급해야 할 것이 있는데, 마윈의 오랜 친구 같은 존재이자 미국의 유명한 경영지인 〈포브스〉가 바로 그것이다. 중국에 있는 언론매체도 대부분 마윈을 좋게 평가했지만 〈포브스〉는 특히나 그를 높게 평가했다. 이 잡지는 알리바바에 관한 보도기사를 세 번이나 게재했고 네 차례에 걸쳐 알리바바를 세계 최고의 전자상거래사이트로 평가하여 국제사회의 인지도를 높이는 데 도움을 주었다.

2000년에 마윈은 〈포브스〉의 표지모델로 등장했다. 그 당시 알리바바의 규모는 정말 보잘것없을 정도로 작았는데 마윈은 상하이에서 열린 한 포럼에서 〈포브스〉 기자와 처음 만나게 된다. 그 후 〈포브스〉의 이 기자는 항저우를 방문하여 마윈과 심층 인터뷰를 한 후 '젊은 친구들의 B2B'라는 기사를 내보냈다. 마윈은 그 당시 〈포브스〉 기자에게 아주 감명 깊은 인상을 받았다. 도시락 같은 자잘한 것부터 모든 비용을 본인이 부담한 것 말고도 마윈에게 깊은 인상을 남긴 것은 바로 그 기자가 나중에 100여 가지 질문이 담긴 이메일을 보내온 것이다. 기사로 나가는 내용의 세부사항에 대해 하나하나 맞는지 틀리는지 확인한 것이다.

그러나 줄곧 알리바바의 B2B 사업에 대해 높이 평가하던 〈포브스〉조차도 마윈이 C2C시장에 진출해 이베이와 정면으로 대결하겠다는 계획에 대해서는 회의적인 견해를 보였다. 이베이는 현지 경쟁사를 패배시키거나 인수합병하는 방식으로 독일, 프랑스, 오스트레일리아의 온라인경매시장을 장악해왔다. 또 한국과 싱가포르에서도 강력한 위치를 선점했으며 얼마 전에는 말레이시아, 필리핀, 인도 시장에 진출했고 조만간 베트남, 타이, 인도네시아에까지 들어갈 계획이었다. 2003년 이베이는 1억 5,000만 달러를 들여 이취의 지분을 모두 사들이고 사오이보에게 그대로 이취의 CEO를 맡도록 했다. 이때 사오이보는 합병으로 새롭게 태어난 이베이이취가 반드시 C2C시장을 장악할 것이라고 호언장담하며 다음과 같이 말했다.

Part 3 '농촌'에서부터 '도시'를 포위하라

"중국의 온라인경매시장에서는 오로지 한 명의 강자만이 살아남을 것이다."

하지만 〈포브스〉는 인터넷업계에서 이런 방식으로 외국계 회사와 중국본토회사가 협력하는 경영모델에 의문을 제기했다. 지금까지 어떠한 외국회사도 이런 방식으로 중국에서 성공을 거둔 적이 없다는 것이었다. 1999년 세계적인 인터랙티브서비스 제공업체인 AOL과 중국 최대의 컴퓨터제조업체인 렌샹(聯想)이 2억 달러를 공동출자하여 인터넷업체를 설립했으나 결국 3년 후에 AOL은 모든 지분을 팔고 철수했고, 렌샹도 나머지 지분을 중국 본토업체에 넘겼다. 중국에서 큰 성공을 거둔 인터넷사이트는 모두 본토회사의 것이다.

그러나 어쨌든 마윈의 오랜 친구인 〈포브스〉는 이베이와의 정면대결에는 신중한 견해를 표명했고 월스트리트의 한 펀드매니저는 이 소식을 듣고는 생각할 필요도 없다는 듯이 이렇게 말했다.

"이베이가 이길 것이다 ebay will win."

물론 마윈도 이 경쟁이 결코 만만치 않음을 잘 알고 있었기 때문에 처음부터 조심스러운 태도를 취했으며 이 경쟁을 '개미와 코끼리의 싸움'이라고 정의했다. 타오바오의 캐릭터조차도 '개미'로 정하고 스스로 '개미군단'이라 불렀다.

개미와 코끼리의 싸움은 어릴 적부터 많이 들어본 것이고 그 결과 작디작은 개미가 거대한 코끼리를 이겼다는 것도 주지의 사실이다. 그러나 그 전제조건은 개미가 코끼리의 파상공세를 이겨내며 코끼리의 약점을 찾아내고 개미의 장점을 살려 공격해야만 한다는 것이다. 그러나 타오바오라는 작은 개미는 누추한 사무실에서 1억 위안의 자금을 손에 쥐고 전투를 준비하다가 문득 이 돈을 어디에서부터 써야 할지 막막함을 느꼈다.

이때 휘트먼은 비로소 발밑에서 꿈틀거리는 이 작은 개미를 주목하기 시작했다. 본격적으로 타오바오를 출범시킨 지 반년여의 시간이 흐른 2003년 말에 타오바오는 8%의 시장점유율을 얻어냈다. 이 숫자는 이베이이취의 시장점유율 72%와 비교하면 아무것도 아니지만 상대방의 눈에 띄기에는 충분한 수치였다. 이제 이베이의 휘트먼은 이 개미를 발견하고는 발을 높게 들어 흔적도 없이 밟아버릴 준비를 하고 있었다. 코끼리의 포효는 전율이 일 만큼 무서웠다. 휘트먼은 앞으로 1억 달러_{한화 1,300억 원}의 자금을 쏟아 부어 18개월 내에 경쟁자를 없애버리겠다고 공언했다.

동종업계의 광고를 허하지 마라!

초창기에 자금문제로 어려움을 겪었던 알리바바는 자회사인 타오바오를 위해 1억 위안이나 되는 자금을 준비했고 이제 해야 할 일은 그 돈을 어떻게 쓸 것인지 연구하는 것이었다. 그러나 이렇게 마냥 즐거워하던 쑨퉁위도 처음 몇 개월 동안 겨우 50만 위안밖에 쓰지 못하리라는 것은 미처 생각지 못했다. 어려운 시절에 익숙했던 그가 이 과정에서 깨달은 것은 돈이 없는 것도 분명 고통이지만 돈이 있어도 쓸 곳이 없는 것은 더 큰 고통이라는 사실이었다.

Part 3 '농촌'에서부터 '도시'를 포위하라

당시 성행하던 하나의 통념은 인터넷사이트가 성공하기 위해서는 방문객수와 클릭수가 많아야 하고 그러기 위해서는 먼저 광고를 해야 한다는 것이었다. 그리고 광고는 대부분 유명 포털사이트를 통해 하기 마련이었다. 이베이도 처음에 700만 달러를 들여 AOL에 6개월 동안 광고를 내보낸 결과, 방문객수가 30%나 증가했다.

"우리도 몇몇 포털사이트에 광고를 하자는 마케팅계획을 세웠다. 돈만 내면 되는 줄 알고 편히 생각한 것이다. 그런데 우리 광고를 받아주지 않아 큰 충격을 받았다. 알고 보니 이베이가 이들 포털사이트와 광고계약을 하면서 조건을 내걸었던 것이다. 같은 업종의 광고는 절대로 받지 말라고 말이다. 더구나 규모가 큰 포털뿐 아니라 작은 사이트들까지 이런 상황이었으니 우리의 광고계획은 처음부터 이베이에게 밟혀버린 셈이다. 타오바오를 출범시키고 처음의 기세를 그대로 몰아붙이려 했던 우리에게 이것은 큰 타격이었다."

쑨퉁위의 말을 빌리면 그것은 정말 마른 하늘에 날벼락 같은 상황이었다. 7월 초 타오바오가 '출범 2개월 기념'으로 대규모 기자간담회를 열었을 때 구글과 바이두百度 같은 유명 검색 포털에서는 "타오바오의 꿈을 이루고 싶다면 이취로 오세요"라는 광고가 일제히 떴다. 타오바오는 이 광고를 없애기 위해 백방으로 노력했지만 아무 소용이 없었다. 바이두에서만 겨우 광고를 내렸을 뿐이고 구글에서는 11월까지 여전히 광고가 나갔다.

당시 이베이이취에서는 이것이 정당한 상업광고라고 주장했다. '타오바오'라는 검색어를 입력하면 나오는 화면에 이베이이취가 광고를 게재하는 것은 아주 정상적인 상업행위라는 것이었다.

물론 이베이이취가 이렇게 포털사이트와 배타적인 광고계약을 맺은 것이 꼭 타오바오만을 겨냥했다고는 볼 수 없었다. 이파이一拍, 쿠비더酷必得, 야바오雅寶 등 경쟁사들이 모두 그 대상에 포함되었기 때문이다. 그러나 마윈의 고민은 그가 이베이의 막강한 힘을 다시금 실감했다는 데에 있었다. 알리바바가 1억 위안을 타오바오에 과감하게 투자한다고 발표했을 때 이베이는 이베이이취의 광고료로만 1억 달러를 쓰겠다고 선포하며 타오바오를 눌러버렸다. 생각해보자. 이렇게 어마어마한 액수에 누가 침을 흘리지 않겠는가. 이 배타적인 광고계약은 7개월 동안 유지되기 때문에 이 기간에는 포털사이트를 통한 마케팅은 거의 막혀버렸다. 이 때문에 이제 갓 태어난 타오바오가 인지도를 높이기 위해서는 다른 곳에서 방법을 찾아야만 했다.

'농촌'에서부터 '도시'를 포위하자

그들이 처음부터 느낀 좌절감은 이루 말할 수 없었다. 인터넷 사이트를 홍보하는 가장 좋은 방법은 인터넷을 통한 광고였기 때문이다.

"인터넷을 통한 광고는 좀더 정확하게 목표고객을 겨냥할 수 있다는 것 말고도 웹페이지에 링크를 걸어놓아 편하게 자신의 사이트로 방문하게 할 수 있다는 것이다."

마윈은 이렇게 분석했지만 현실은 그렇지 못했기 때문에 다른 방법을 찾을 수밖에 없었다. 마윈은 곧바로 전체직원회의를 열어 이렇게 말했다.

"지금 적은 이미 행동을 개시하여 우리를 바구니에 가둬놓고 죽이려 하고 있다. 다른 방법을 찾아야만 한다."

그는 중국근대혁명사에서 가장 중요했던 전략을 떠올리며 "로마로 통하는 길은 하나가 아니다. 마오쩌둥 주석도 농촌에서부터 도시를 포위하는 기발한 군사전략을 취하지 않았는가. 우리도 이를 응용하자. 이베이가 대도시를 점령했다면 우리는 '농촌'으로 가서 적의 방어가 소홀한 지역을 노리자"라고 말했다.

인터넷상의 '농촌'이란 바로 보털사이트산업의 원재료에서 완성품까지 관련된 모든 기업을 연결하는 사이트 – 옮긴이, BBS와 개인홈페이지를 가리키는데 어쨌건 이베이이취와 계약을 맺지 않은 모든 인터넷사이트가 그 대상이 되었다. 당시 이 전략을 세웠을 때 타오바오의 직원들이 광고전문서적이나 과거 사례를 뒤져보았는지는 모르겠으나 지금 돌이켜보면 이와 비슷한 사례가 과거에도 꽤 많았다. 심지어 현재 IT업계에서도 이런 기발한 광고아이디어로 떼부자가 된 사람이 있는데, 그는 바로 펀중미디어分衆媒體의 CEO 장난춘이다.

장난춘은 상하이 쉬자후이의 태평양백화점에 들러 엘리베이터를 타려고 기다리다가 엘리베이터 문에 붙어 있던 광고판에 눈길이 갔다. 순간 그는 사람들이 엘리베이터를 기다릴 때는 광고를 보는 것 말고 달리 할 것이 없다는 사실을 깨닫고는 이런 생각을 했다.

"모든 빌딩의 엘리베이터를 전부 빌려서 여기에 광고를 내보내면 정말 새롭고도 효과가 좋은 광고매체가 될 수 있지 않을까?"

2003년 1월에 장난춘은 300대의 액정모니터를 상하이의 고급 빌딩 엘리베이터에 설치하면서 사업을 개시했다. 펀중미디어는 이렇게 대중 앞에 처음으로 모습을 드러냈다. 더욱 놀라운 것은 조그만 엘리베이터 앞에서 얻은 아이디어가 결국 큰 회사로 성장하여 미국 나스닥에까지 상장되었다는 것이다. 2005년 7월 13일 뉴욕 나스닥시장에 처음으로 공개된 펀중미디어의 지분을 39.7% 가지고 있던 장난춘의 재산은 무려 2억 1,400만 달러로 불어났으며 이 기업은 몇 년 동안 가장 각광받는 중국테마주가 되었다. 그리고 장난춘은 중국광고계의 최고 부자로 등극했다.

장난춘이 순간적으로 엄청난 비즈니스 기회를 생각해낸 것처럼 타오바오가 보털사이트와 개인홈페이지에 집중한 결과는 실로 놀라웠다.

"이런 작은 사이트의 광고료와 접속횟수의 상관관계를 비교해 보면 광고료가 무척 싼 편이다. 왜냐하면 생각보다 이러한 사이트의 접속률이 꽤 높았기 때문이다. 타오바오가 초창기에 이런 광고에만 의존해서 인지도를 꽤 만족할 만한 수준까지 높일 줄은 아무도 생각하지 못했다. 지금은 대형 포털사이트나 오프라인 광고 등 여러 매체를 통해 다양하게 광고하지만 여전히 이런 작은 사이트들에도 광고를 내보낸다. 정말 효과가 좋다."

이 때문에 나중에 타오바오 내부에서는 아예 포털사이트에는 광고를 내보낼 필요가 없다는 의견까지 제기될 정도였다. 하지만 시간이 흐르면서 각 포털사이트들은 타오바오의 힘을 점점 실감하기 시작했다. 결국 7개월의 배타적인 광고계약이 종료되자 곧바로 소후닷컴sohu.com과 계약하고 광고를 내보내기 시작했다. 이베이의 봉쇄작전이 끝나면서 사면초가의 상황도 종료되었다. 이 힘들었던 시기를 타오바오 내부에서는 '제1차 반토벌 투쟁'으로 일컫는다.

얼음은 녹기
시작했으나 봄은
오지 않았다

    타오바오가 설립된 후 경쟁사의 압박을 받거나 마케팅에서 여러 가지 난관이 있기는 했지만 수치상으로 볼 때 타오바오의 초기 성장속도는 정말 놀랄 만했다. 2003년 8월 17일 설립일 직전에 타오바오에는 이미 5만 174명의 회원이 가입되어 있었고 거래되는 상품은 9만 건, 하루 방문횟수 155만 회, 날마다 7,000여 개의 새로운 상품과 2,500명의 신규회원이 등록되고 있었다. 타오바오는 8월 18일부터 가입하는 10만 명까지의 회원들에게 한 번이라도 물품을 거래한 적이 있다면 인증을 거친 후 3년간 거래수수료를 받지 않겠다고 선포했다. 동시에 같은 지역에서 거래하는 회원들에게는 지역별 동호회를 인터넷상에 개설해주었다.

    2004년 3월, 인터넷통계사이트인 알렉사Alexa의 발표에 따르면 타오바오는 네티즌방문 빈도수에서 전국 최고를 차지했으며 4

월에 인터넷연구소가 공표한 C2C 사이트별 성장률을 보면 타오바오가 768%의 성장률을 기록해 역시 최고를 차지했다. 2004년 5월 8일 아이루이艾瑞컨설팅이 발표한 3월 전자상거래사이트의 네티즌방문객수에 대한 조사결과에서는 타오바오가 처음으로 국내외업체를 통틀어 1위를 차지했다. 타오바오에서는 독창적으로 '즈푸바오'라는 안전결제시스템을 선보이면서 인터넷거래의 위험성을 최소화했고 공상은행, 초상은행 등과 폭넓게 제휴하면서 중국의 C2C거래결제시스템을 한 단계 업그레이드시켰다.

2004년 6월 30일 알렉사가 발표한 순위에서 타오바오는 세계 인터넷사이트 중 18위, 중국 내 전자상거래업체 중에서는 1위를 차지했다. 7월 7일 타오바오는 중국 내의 C2C 업체 중 최고의 기업이 되었음을 선포했고, 거래되는 상품은 200만 건, 거래 성사율도 연초보다 3.57배 이상 증가했다고 밝혔다. 그리고 앞으로도 계속 무료로 운영할 것이라는 방침을 밝히면서 중국 내의 다른 전자상거래업체도 전부 무료로 바꿔야 한다고 주장했다. 당시 타오바오의 회원은 매일같이 1만 9,025명씩 증가하며 중국 내 경쟁사들을 압도적으로 앞질러 나갔다.

2004년 9월 22일, 타오바오는 회원이 220만 명, 하루 접속횟수는 5,000만 회에 달하며 8월의 총거래액수는 1억 2,000만 위안, 9월에는 하루 거래액수가 700만 위안을 돌파했다고 발표했는데, 이는 타오바오가 2003년 7월 이후 처음으로 밝힌 공식적인 통계이다.

2004년 10월 22일 〈인터넷주간〉은 베이징에서 '중국의 100대

비즈니스사이트'를 선정하여 발표했는데 타오바오는 중국의 선두적인 C2C전자상거래업체로서 상위권에 포함되었다. 이와 동시에 당해연도의 높은 실적 덕택에 '성장가능성이 가장 높은 사이트'와 '최고의 인터넷서비스업체'에 동시에 선정되는 영광을 안았다. 더구나 이러한 빠른 발전이 경쟁사의 압박 속에서 이뤄진 것임을 감안하면 실로 놀라운 수준이었다.

이제 봄은 머지않아 보였다. 배타적인 광고계약이 끝나자마자 소후닷컴이 타오바오와 광고계약을 체결했으며, 2004년 4월 5일에는 종합엔터테인먼트사이트인 21CN과 전략적 제휴를 맺어 각자의 장점을 살려 포괄적인 협력을 할 것이라고 천명했다. 양 측은 서비스채널, 이메일계정, 문자메시지, 마케팅 행사 네 가지 분야에서 포괄적인 협력망을 구축했는데 21CN은 타오바오의 온라인거래시스템을 끌어들여 자신의 고객들이 이 서비스를 편하게 사용할 수 있도록 제공했고, 타오바오와 이메일, 문자메시지서비스를 통합했으며, 타오바오의 회원으로 가입하는 21CN 회원에게는 몇 가지 혜택을 주었다.

적잖은 전문가들은 두 회사가 모두 각자의 영역에서 주목받는 신생업체였기 때문에 이 전략적 제휴는 중국인터넷업계와 전자상거래업계의 판도에 큰 지각변동을 가져올 것이라고 예측했다. 쑨퉁위도 21CN과의 협력에 큰 기대를 나타냈다. 아마도 21CN이 지역포털이기는 해도 타오바오와 제휴한 첫 번째 포털사이트였기 때문일 것이다.

"타오바오의 빠른 성장 자체가 중국의 C2C시장이 발전 여지가 상당히 크다는 것을 말해주는 것이기 때문에 우리는 미래에 초점을 맞추었다. 광둥 지역에서 영향력이 큰 포털사이트인 21CN과의 제휴는 타오바오에게 파격적인 결정이었고 강력한 시너지효과를 낼 수 있다는 것을 의심치 않았다."

하지만 포털과의 제휴가 타오바오에게 따뜻한 봄날이 왔다는 것을 의미하지는 않았다. 이베이이취의 배타적인 광고계약이 종료되기는 했어도 여전히 이베이는 여기저기에 막대한 돈을 쏟아 부으며 타오바오를 압박했다. 타오바오는 좀더 새롭고 효과적인 광고방식을 찾아야만 했다.

엔터테인먼트 마케팅을 시작하다

2004년 12월에 중국의 인기감독인 펑샤오강馬小剛의 영화〈천하무적天下無賊〉이 개봉되었는데 이 영화에는 수많은 IT기업이 영화 속 광고PPL를 내보냈다. 마이크로소프트, TOM닷컴, 휴렛패커드HP와 중국이동통신 등의 업체들이 영화 곳곳에 등장했다. 재밌는 것은 주인공이 현금 6만 위안을 들고 기차역에서 "누가 도둑이야? 도둑이 있으면 빨리 나와봐!"라고 외치는 장면이 있는데 그 옆에 단체 여행객으로 위장한 도둑이 손에 들고 있는 깃발에 '타오바오'라는 글자가 보인다는 것이다.

당연히 이를 두고 말이 많았다. 왜냐하면 타오바오라는 이름이 도둑이 손에 들고 있는 깃발에 뚜렷이 새겨져 있었기 때문에 회사에 부정적인 인식을 갖게 할 수 있다는 우려 때문이었다. 이러한 지적에 대해 쑨퉁위도 어찌 할 수 없었다. 원래 영화제작진과 계약할 때는 영화가 끝나고 광고를 내보내기로 했으나 영화 속에 이 장면을 삽입한 것은 순전히 영화제작진의 의도였기 때문이다. 그러나 온라인경매행사는 대성공이었다.

류더화의 디지털카메라와 티벳식 승마화와 모자, 리빙빙이 사용한 디지털카메라, 3,000여 장의 영화포스터 등이 모두 1위안부터 경매에 부쳐졌다. 결과적으로 리빙빙의 망토가 2,000위안, 류뤄잉의 붉은 외투가 6,100위안, 류더화가 신었던 가죽신발은 무려 2만 1,000위안에 낙찰되었다. 업계전문가들은 IT업체가 이렇게 엔터테인먼트와 연계한 행사들을 펼치면 좀더 젊고 세련된 이미지를 심어줄 수 있으며 시너지효과를 낼 수 있다고 평가했다.

어쨌든 타오바오는 이러한 일련의 과정을 거치면서 엔터테인먼트마케팅의 중요성을 깨닫게 되었다. 엔터테인먼트가 대세인 시대에 이를 충분히 활용해야만 젊은이들이 주축을 이루는 시장에서 성공할 수 있다는 점을 간파한 것이다. 이 때문에 타오바오는 기회만 되면 엔터테인먼트 마케팅을 펼쳤다. 영화 〈이니셜 D〉에 쓰인 영화기자재경매나 후난湖南위성방송과 공동으로 주최한 타오바오 슈퍼 바이어 선발대회 등은 젊은이들 사이에서 큰 반향을 불러일으켰다.

2005년 1월 동남아에 쓰나미가 닥쳤을 때는 유명인 자선바자회를 개최했다. 이 행사에는 마윈을 포함한 판스이潘石屹, 장차오양張朝陽, 마화텅馬化騰 등 유명기업인들이 대거 참여했다. 판스이는 180만 위안짜리 SOHO상두尙都의 집을 내놓았는데 원저우에서

Part 3 '농촌'에서부터 '도시'를 포위하라

올라온 구매자가 현금을 들고 타오바오 사무실에서 현장경매를 진행하기도 했다. 이 행사에서 300만 위안의 성금을 마련한 타오바오는 이 돈을 중화전국총공회에 기부했다.

　　타오바오는 그 후 엔터테인먼트 마케팅뿐 아니라 할 수 있는 한 모든 경로를 활용해 마케팅을 펼쳤다. 왜냐하면 이베이이취도 점점 범위를 확대해 광고했기 때문이다. 이베이이취는 포털뿐 아니라 처음에 광고를 시작한 보털사이트와 전문사이트에도 손길을 뻗쳤다. 그렇다면 타오바오도 더욱 공격적으로 나가야만 했다. 몇몇 불건전한 사이트들을 제외하고 수만 개에 이르는 인터넷사이트와 협상을 벌였는데 확실히 효과가 있었다. 이베이이취의 창끝을 피해가면서 사용한 광고비는 1,000만 위안이 채 되지 않았지만 타오바오의 방문객수는 안정적으로 늘어났고 알렉사에서 발표하는 순위도 점점 올라갔다.

생존이 최우선이다

　여기서 짚고 넘어가야 할 것이 타오바오의 팝업 광고이다. 팝업 광고는 사실 시스템에 부하를 주면서 윈도시스템을 흔들어놓기 때문에 이용자들에게 큰 불편을 준다. 따라서 팝업 광고는 논란의 여지가 많다.

　타오바오 내부에서도 2004년 하반기에 팝업 광고를 내보내기로 한 결정이 매우 위험하다는 것을 인식하고 있었다. 방문객수를 늘리는 데는 분명 효과가 있지만 회사 이미지에 타격을 줄 수도 있다는 우려 때문이었다.

　확실히 팝업 광고를 대대적으로 내보내자 방문객수가 크게 늘면서 2004년 초에 타오바오 직원들에게 불가능하다고 여겨졌던 '알렉사 순위 20위권'이라는 목표가 앞당겨 달성되었다. 바로 이때 경쟁사가 언론매체에 타오바오가 사용자시스템에 부담을 주는 팝업 광고를 내보내 방문객수를 늘리고 있는데 이러한 통계는 거짓이라는 기사를 내보냈다. 타오바오는 이 통계가 거짓이 아니라는 것을 증명하기 위해 일정기간 팝업 광고를 중지하고 추이를 살펴보기로 했다. 그 결과 알렉사의 순위가 약간 내려가기는 했지만 경쟁사가 말한 것처럼 심각하지는 않았다. 광고를 내보낼 때는 19위였는데 광고를 중지하니 20위 부근이었던 것이다. 이 때문에 타오바오는 더더욱 자신감을 가졌고 충성도 높은 고객을 안정적으로 확보했다고 판단했다.

큰 효과를 가져왔던 팝업 광고에 대해 논란이 계속되고 있지만 타오바오 직원들은 이것이 절대 잘못된 것이라고 인정하지 않는다. 중국의 인터넷 사용자들에겐 팝업 광고가 여전히 가장 효과적인 광고수단이라는 것이다. 왜냐하면 중국의 대다수 네티즌들의 경우 연령대나 문화 수준 등 때문에 사이트주소를 기억하는 게 결코 쉽지 않다고 한다. 그래서 타오바오도 될 수 있으면 인터넷 주소를 쉽게 만들기 위해 영문을 따로 쓰지 않고 한어병음 그대로 taobao라고 했는데도 이조차 잘 기억하지 못하는 이용자들이 있었다. 팝업 광고를 하게 되면 클릭 한 번으로 곧바로 접속할 수 있기 때문에 매우 편리하다는 것이다. 이 때문에 지금까지도 몇몇 네티즌들은 다시 팝업 광고를 해달라고 요청하기도 한다.

결과적으로 2005년 4월 25일에 타오바오가 공개한 1/4분기 영업실적을 보면 당해분기 상품거래액은 10억 위안을 넘어서 중국 내 C2C 전자상거래 부문에서 1위를 차지했다. 2007년 현재 타오바오의 회원수는 600만 명에 달하며 하루 접속횟수는 6,000만

회로 중국 내 동종업체의 3배에 달한다. 또 거래되는 상품의 개수도 700만 건을 돌파했다.

타오바오는 2등 기업입니다!

1970년대 미국 광고마케팅의 대가로 알려진 알리스와 잭트라우트는 '포지셔닝'이라는 개념을 체계적으로 확립했는데 이는 각각의 상품들은 사람들의 머릿속에서 등급이 매겨져 있다는 가설이다. 새로운 경쟁자가 시장에서 확실한 위치를 차지하거나 시장점유율을 높이고자 한다면 우수한 브랜드를 쫓아가거나 아니면 자신의 브랜드를 경쟁사의 브랜드와 연계시켜야 한다. 타오바오의 어떤 직원은 필자에게 "사실 이베이이취가 취한 행동은 대부분 시장의 선도자로서 일종의 정당방위다"라는 말을 한 적이 있는데 꽤나 인상 깊은 말이었다.

이베이이취가 시장의 선도자라는 판단에서 타오바오가 취한 행동은 두 가지였다. 하나는 시장에서 자신이 약자이고 이베이이취가 선도기업이라는 이미지를 부각시킨 것이다. 왜냐하면 대중의 머릿속에는 1등 기업은 오만하지만 2등 기업은 노력파이며 고객에게 좀더 가까이 다가간다는 이미지가 각인되어 있기 때문이다. 이를 활용한 대표적인 사례로 미국의 2위 렌트카업체인 에이비스AVIS의 다음과 같은 광고카피를 꼽을 수 있다.

"렌트카업계에서 에이비스는 2위에 지나지 않습니다. 그런데 왜 에이비스의 렌트카를 이용하십니까? 바로 우리가 더욱 노력하기 때문입니다!"

에이비스는 연속 13년간 적자를 기록했으나 이 광고가 나간 직후부터 흑자로 전환되어 첫해에 120만 달러, 두 번째 해에 260만 달러 그리고 세 번째 해에는 500만 달러를 벌어들였다.

두 번째는 이베이의 여러 가지 압박에 대해 법적으로 문제를 제기한 것이다. 이렇게 함으로써 타오바오가 이베이이취의 가장 큰 경쟁상대임을 부각시켰다. 즉 시장의 선도기업과 자기 자신을 어떻게든 엮어서 두 회사를 항상 같이 떠올리게끔 하는 것으로, 이렇게 하면 사람들이 이베이이취를 말할 때 이베이이취를 따라가기 위해 핍박을 견뎌가며 노력하는 2등 기업 타오바오를 자연스레 떠올리게 된다. 이것이 바로 포지셔닝 마케팅의 뛰어난 점이다.

어떤 시장에서 '선도자'가 있다면 반드시 이를 뒤따르는 '후발주자들'이 나오기 마련이다. 후발주자들이 시장에서 확실히 뿌리내리려면 어디서부터 시장으로 진입하고 어디에 발을 붙일지를 찾는 게 가장 중요하다. 위치를 정확하게 찾았다면 성장가능성이 충분한데 이는 마치 나무의 씨앗이 바람을 타고 떠다니다가 대부분 돌 위에 떨어지지만 돌 사이의 흙을 정확히 찾아가는 씨앗은 생존 기회를 얻게 되는 것과 마찬가지 이치이다. 처음에는 후발주자의 신분을 인정하면서 시작하고 시간이 흘러 더는 후발주자가 아닐 때도 여전히 후발주자의 태도를 고수하는 전략은 효과가 매우 좋다. 그리고 타오바오는 바로 '이베이가 어떻게든 없애고 싶어 하는 경쟁사'라는 이미지로 그 틈을 파고들었다.

거꾸로 서서 다른 각도에서 세상을 바라보는 것은 단순히 처음의 전략적인 측면에서뿐 아니라 세부적인 각각의 전술상에서도 필요하다. 일이 잘 풀릴 때는 잠시 멈춰서 미처 주의하지 못한 점이 있는지 돌아보아야 하며, 문제가 생겼을 때도 곰곰이 잘 생각해보면 가시밭길 속에 숨겨져 있는 작은 길을 찾을 수도 있다. 타오바오가 이베이의 공세에도 다행히 살아남을 수 있었던 것은 거꾸로 서서 시장을 관찰한 결과, 다른 사람들이 미처 생각지 못한 소규모 인터넷사이트들에 주목했기 때문이다.

대량 탈퇴를 불러온 '917 전략'

가끔 우리가 인정할 수밖에 없는 사실은 성공이란 것이 종종 상대방의 실수와 연관된다는 것이다. 2004년 하반기에서 2005년 상반기까지 이베이이취는 광고하기 위해 돈을 거의 '미친 듯이' 쏟아 부었다. 그 효과나 방식이 어쨌건 간에 이렇게 전례 없는 막대한 돈을 쏟아 부은 탓에 타오바오도 어느 정도 영향을 받은 것은 사실이지만 그 효과는 정말 실망스러운 수준에 그쳤다.

2004년 9월 17일, 이베이이취는 자사 플랫폼을 이베이의 국제적인 플랫폼으로 통합하여 바꾼다는 중대한 결정을 내렸다. 이베이이취의 공식적인 견해는 이렇게 플랫폼을 합치면 회원들이 세계적으로 거래되는 큰 시장에 참여할 수 있기 때문에 좀더 많은 외국 회원들과 거래할 수 있게 된다는 것이었다. 그리고 발표일을 9월 17일로 정한 이유는 인터넷에서 사람들이 이취를 언급할 때 종종 발음이 비슷한 17이라는 숫자로 간략하게 표현하곤 했기 때문에 상징적으로 이날을 선택했다 917 세 숫자를 한데 합치면 중국어발음으로 영원한 이취라는 뜻과 발음이 똑같다. 하지만 이베이가 매우 부푼 꿈을 안고 시작한 이러한 시도는 정말 의외의 결과를 가져왔다.

중국에서 성장한 이취가 이베이의 플랫폼으로 '업그레이드' 한 후 웹페이지의 형식이나 거래절차, 신용평가시스템 등이 이베이사이트와 동일하게 통합되면서 기존의 오랜 고객들은 이에 쉽게 적응하지 못했다. 그리고 열흘이 지난 9월 27일부터 고객들이 대량으로 이탈하는 조짐이 보였다. 어떤 회원은 심지어 "기존의 이취 시스템으로 다시 바꿔달라"는 글을 게시판에 올려 모두가 나서서 '이취판매상자구회모임'을 열자고 주장하기도 했다. 이 때문에 2004년에는 대규모 회원들이 이취를 탈퇴하게 되었다.

이베이이취는 공식적인 해명을 통해 새로운 시스템에 적응하는 데는 어느 정도 시간이 걸리겠지만 회원들이 잘 적응할 수 있게끔 노력하고 있으며, 진정으로 비즈니스를 원하는 회원들은 금방 바뀐 플랫폼에 익숙해질 수 있다고 밝혔다. 하지만 더 중요한 문제가 또 하나 발생했는데 바로 이베이의 시스템으로 바꾸면서 시스템이 매우 불안정해졌다는 것이다. 타오바오의 한 엔지니어는 이렇게 말했다.

"우리는 그때 이러한 상황을 주시하고 있었어요. 이베이가 막강한 기술력을 갖췄기 때문에 이 문제를 금방 해결할 수 있을 줄 알았죠. 그런데 이 불안한 시스템을 몇 개월간이나 방치해둔 겁니다."

사실 서버가 이렇게 불안정하면 고객들이 사용하는 데 불편을 주게 되는데 타오바오도 이런 경험이 있었다. 2003년 말이었는데 타오바오의 기술진이 만든 시스템이 나날이 증가하는 방문자수를 이기지 못하고 부하가 걸려버린 것이다. 이때 타오바오는 선SUN시스템즈에 의뢰하여 약 반년에 걸친 시스템점검을 거쳐 2004년 5월 21일 업그레이드된 시스템을 선보였다. 쑨퉁위는 이에 대해 "매우 성공적이었다. 거의 버그가 없었다"며 자랑스레 말했다. 또 선시스템즈도 중국에서 가장 성공적인 케이스로 타오바오 사이트를 꼽을 만큼 지금까지도 여기에 자부심을 갖고 있다.

그 후로도 타오바오는 끊임없이 시스템을 점검해 새로운 기능을 개발하거나 실제거래에 편리하게끔 지속적으로 시스템을 개선했다. 타오바오에게 뜻밖이었던 것은 원래 자신들의 문제를 해결하기 위한 이러한 일련의 노력이 2004년 9월에는 강력한 경쟁무기가 되었다는 점이다. 이베이이취의 서버가 불안하게 돌아가면서 다수의 회원들은 안정적인 시스템을 자랑하던 타오바오로 옮겨왔다.

마윈은 이베이이취가 플랫폼을 이베이 국제표준으로 바꾼 것을 '실패한 전략'으로 규정하며 이번 경쟁에서 결정적인 패인을 제공했다고 꼬집어 말했다. 즉 917의 조치는 이베이이취가 스스로 무덤을 판 것이며 적절하지 못한 시기에 이러한 결정을 내려 고객의 신뢰도를 떨어뜨렸다는 것이다.

실제로 타오바오의 전문적인 판매상들, 특히 규모가 큰 판매상들은 예전에 이취에서 성장했거나 2003년 이후에 타오바오와 이취에서 동시에 인터넷상점을 운영했던 사람들이다. 이런 사람들이 이취를 포기하고 타오바오로 옮겨온 중요한 이유는 바로 새로 바뀐 시스템환경 때문이었다. 서버를 미국으로 옮기면서 접속시간이 길어지고 반응이 느려져 사용자들이 불편을 겪었고 웹페이지의 스타일 또한 중국인에게 너무 낯설었다. 아기자기하고 볼거리가 다양한 타오바오의 스타일에 비해 이베이이취의 미국식 스타일은 너무나 간단하고 심심했기 때문이다.

이러한 상황에서도 이베이이취는 그들의 잘못된 전략 때문에 회원들이 빠져나가는 것을 모르고 단순히 마케팅을 더 잘하면 회원유출을 막을 수 있으리라 믿었다. 이 때문에 돈을 더 들여서라도 회원들의 신뢰를 회복하려 했다. 이에 2004년 10월부터 이베이이취의 광고가 다시금 대대적으로 나가기 시작했는데 이번에는 주로 텔레비전을 통해서였다. 상하이 외에도 베이징, 광저우, 난징 등 6개 대도시의 방송국에서 상당히 오랫동안 동시에 광고가 나갔으며 최소한 1,000만 위안 이상이 소요되었다. 하지만 이 정도의 돈은 이베이이취에겐 아무것도 아니었다. 마윈도 이베이이취의 과감한 투자에 대해 종종 언급했다.

"우리가 1억 위안한화 약 200억 원을 투자하겠다고 했을 때 이베이에서는 무려 1억 달러한화 약 1,300억 원를 투자하겠다고 나섰다."

그러나 마윈은 이베이가 이렇게 마케팅에 돈을 엄청나게 '쏟아 부은' 것에 대해 어쨌든 좋은 일이라고 평가했다. 왜냐하면 이는 타오바오가 해야 할 일을 알아서 분담해주는 것으로, 즉 한 사람이 돈을 쓰고 두 사람이 이득을 얻는 것과 마찬가지라는 것이다.

"이베이이취가 이렇게 막대한 돈을 쓰면서 시장을 키우는 것은 우리에게도 이로운 일이다. 돈을 더 많이 쓸수록 우리가 얻는 것도 더 많아진다. 왜냐하면 시장은 한 사람의 것이 아니기 때문이다."

마이크로소프트, 타오바오를 선택하다

2004년 11월에는 타오바오에게 더욱 자신감을 심어주는 일이 생겼는데 바로 IT업계의 거두인 마이크로소프트와 협력관계를 구축하게 된 것이다. 마이크로소프트가 중국에 정식으로 MSN메신저를 출시하면서 6개 서비스채널의 협력업체 중 온라인쇼핑 부문에서 일반인들의 예상을 깨고 타오바오를 선정한 것이다. 이 결과가 충격적이었던 이유는 그동안 MSN이 각국에 진출하면서 협력업체를 선정할 때마다 온라인쇼핑 부문의 강력한 시장선도자였던 이베이를 감히 무시하지 못했기 때문이다.

이베이와 마이크로소프트는 2001년에 협력계약을 체결했고, 2004년부터 미국의 MSN사용자는 'My MSN' 페이지에서 'My eBay'로 직접 들어가 자신의 구매물품이나 판매상황, 결제현황 등을 직접 볼 수 있게 되었다. 다시 말하면 MSN의 글로벌협력업체는 줄곧 이베이였는데 유독 중국에서만 이베이의 작은 경쟁사인 타오바오를 선정한 것이다. 그리고 이 당시에는 타오바오의 시장점유율이나 여러 통계가 이베이보다 한참 아래였기 때문에 이베이로서는 이러한 마이크로소프트의 결정이 매우 당혹스러울 수밖에 없었다.

이 결정을 내린 인물은 당시 마이크로소프트 MSN사업부의 중화권 총책임자인 뤄촨羅川이었다.

"MSN과 협력업체가 파트너십을 맺는 데 가장 중요한 것은 고객이 필요로 하는 것을 만족시켜줄 수 있느냐 하는 것이다. 이 협력관계가 성공적인지 여부를 판가름하는 것은 바로 고객의 반응이 긍정적인지를 살펴보는 것이다."

　이 때문에 '협력을 통해 인터넷사용자에게 최선의 서비스를 제공하는 것'이 채널마다 협력업체를 선정하는 기준이 되었다. 뤄촨은 중국본토시장에서 중국 사용자들에게 좀더 좋은 서비스를 제공하는 데는 타오바오가 기준에 부합한다고 생각했다. 2004년 가을부터 MSN중국지사에서 온라인쇼핑협력채널을 찾기 위해 직원들의 평가를 들어본 결과 대부분 타오바오를 더 선호했기 때문이다.

　타오바오를 선정하는 데 유일한 걸림돌은 MSN의 글로벌총책임자를 어떻게 설득하느냐 하는 것이었다. 이때 마윈은 자기가 직접 설득하겠다고 주저 없이 나섰다. 몇 개월 후 MSN 총책임자가 중국에 오자마자 마윈은 기다렸다는 듯이 곧바로 그를 만나 타오바오가 어떤 회사이며 MSN과 협력할 경우 어떤 좋은 점이 있는지를 하나하나 자세히 설명했다.

　이즈음에는 이베이이취가 처음에 발표했던 18개월 내에 중국 C2C시장을 평정하겠다던 기세 좋던 공언은 거의 물거품이 된 상황이었다. 타오바오도 물론 여전히 열세를 면치 못하고 있었으나 이베이도 원래 가지고 있던 절대적인 지위는 거의 사라진 상태였다. 그리고 마이크로소프트에서도 중국의 이러한 특수한 C2C시장 상황을 예민하게 주시해왔기 때문에 결국 같은 미국업체인 이베이 산하 이베이이취 대신 타오바오를 선택하게 된 것이다.

출발선에서부터 뒤처진 이베이

2004년 12월 25일 크리스마스에 마윈은 언론을 통해 공개적으로 이베이이취에게 한 달 동안 시간을 줄 것이며 "한 달이 지난 후부터 타오바오는 이베이이취를 향해 대대적인 반격을 시작할 것이다"라고 선포했다. 마윈의 말에 따르면 글로벌기업이 중국본토의 경쟁사를 대하는 태도는 네 단계로 나뉜다고 한다.

첫째는 '못 보는 것', 둘째는 '무시하는 것', 셋째는 '이해하지 못하는 것', 넷째는 '따라잡지 못하는 것'이다. 마윈은 이제 이베이가 경쟁사인 타오바오의 존재를 보지 못하거나 무시하는 상황은 근본적으로 바뀌었다고 판단하고, 2004년 12월 25일부터 '반격개시 카운트다운'에 들어간 것이다. 혹자는 이렇게 상대방을 자극하고 분노하게 하는 방식이 바로 '마윈의 스타일'이라고 말하기도 한다.

2005년 4월, 마윈에게 우호적인 태도를 견지해왔던 〈포브스〉에는 '이베이에 대한 타오바오의 대대적인 반격'이라는 기사가 실렸다. 기사 맨 앞머리에는 굵은 글씨로 이렇게 써 있었다.

"이베이는 중국의 C2C시장 점령을 목표로 했으나 마윈이 이끄는 타오바오의 영웅들은 '거꾸로 물구나무를 서서' 이베이의 '침공'에 대대적인 반격을 가했다."

〈포브스〉의 기사에 따르면 타오바오와 이베이이취는 표면적으로는 C2C 사이트를 경영하는 데 전력을 기울인 듯하지만 사실상 큰 차이점이 있었으며 이러한 차이 때문에 불과 3년 만에 두 업체가 이렇게 명암이 엇갈리게 된 것이다.

마윈에게 또 다른 희소식이 날아들었다. 이베이 본사에서 2005년 1/4분기 실적이 발표된 것이다. 이베이이취의 지난 분기 상품거래액은 총 1억 600만 달러, 타오바오의 총거래액은 1억 2,000만 달러였다. 모든 사람이 안도의 숨을 몰아쉬며 꿈을 꾸는 듯한 기분을 느꼈다. 마윈은 타오바오가 이제 성공적으로 기반을 쌓았고 중요한 수치에서도 이베이를 앞섰다는 것을 확인하자 즉각적으로 오랫동안 입고 있던 '2위 업체'라는 옷을 벗어버리고는 공격태세를 갖추었다.

이것이 바로 마윈의 진면목이다. 그는 결코 미국의 에이비스처럼 자신이 영원히 2인자라는 것을 강조하고 싶지 않았다. 이러한 포지셔닝 전략을 쓴 것은 단지 고육지책이었을 뿐 그는 결코 생존하는 것에 만족하는 사람이 아니었다. 물론 처음에는 생존을 위해 이미지에 타격을 줄지도 모르는 위험을 감수하면서 팝업 광고를 내보낸 때도 있었지만 말이다.

마윈은 〈포브스〉 기자와의 인터뷰에서 이렇게 말했다.

"나와 손정의의 생각은 같았다. 손정의가 일본에서 이베이를 쫓아냈듯이 나도 그렇게 할 수 있다는 것이었다. 이베이는 우리를 결코 위협적인 존재로 인식하지 않았다. 하지만 나는 이베이가 일본에서보다 중국에서 훨씬 더 참담하게 패배할 것이라 생각했다."

이제는 마윈의 입에서 스스로 '개미군단'이라 부르며 큰 코끼리와 싸우고 있다는 말을 들을 수 없다. 오히려 지금은 이베이가 바다거북이라면 타오바오는 양쯔강의 악어라고 즐겨 말하곤 한다. 즉 이곳은 중국이니만큼 타오바오가 왕이라는 것이다.

이제 마윈은 스스로 더는 약자가 아니며 이베이도 두려워할 상대가 아니라는 것을 깨달았다. 이곳은 중국이다. 처음엔 '농촌에서 도시를 포위해 들어가는' 비정상적인 전략을 쓸 수밖에 없었지만 결국 절반 이상의 영토에 '타오바오의 깃발'을 꽂았다.

이베이는 1/4분기 이후부터는 중국지역의 실적을 발표하지 않았기 때문에 마윈에게 극도의 기쁨을 준 첫 번째 발표는 처음이자 마지막이 되었다.

그 후 2005년에 업계에서는 이베이가 중국에서 알리바바와 서로 지분을 교환해 합작하려는 뜻을 내비쳤다는 소식이 공공연히 나돌았다. 그렇다 하더라도 이것은 비즈니스상의 기밀이기 때문에 자세한 내막을 알 수는 없지만 얼마 안 있어 알리바바는 야후차이나를 인수한다는 놀라운 소식을 발표했다. 결국 타오바오와 이베이는 경쟁상대로 계속 남아 있을 수밖에 없게 된 것이다. 왜 이베이와의 합작문제를 계속해서 협상하지 않았느냐는 질문에 알리바바의 한 관계자는 이렇게 대답했다.

"우리는 경쟁상대가 필요하다. 상대가 없다면 무슨 재미가 있겠는가?"

Ma¥un Way

PART 4

무엇보다 신용이 우선이다

"중국에는 장차 새로운 집단,
즉 '인터넷상'이 탄생할 것이다.
인터넷상은 지역 구분이 없고 다만 한 가지 규칙,
'신의'를 지키기만 하면 된다."

마윈의 야심작 '즈푸바오'

타오바오 설립 초창기였던 2003년 7월, 마윈은 〈이코노믹 옵서버〉와 인터뷰하면서 다음과 같이 밝혔다.

"결제 안전성 문제가 해결되기를 기다리다가는 좋은 기회를 놓쳐버리고 말 것이다. 제반 여건이 무르익기만을 무작정 기다릴 수 없다. 사실 수익을 내는 건 쉬운 일이다. 어려운 일은 고객에게 가치를 창출해주는 것이다. 현재까지 타오바오는 확실한 수익모델을 찾지 못했지만 나는 걱정하지 않는다."

마윈에게 수익모델은 큰 고민거리가 아니었으나 결제의 안전성 문제는 사이트 기획단계부터 그의 머리를 아프게 했다. 그렇게 문제 해결에 골몰하던 마윈은 2003년 10월 마침내 '즈푸바오'라는 안전결제시스템을 내놓았다.

그는 즈푸바오 도입 배경에 대해 다음과 같이 설명했다.

"타오바오를 오픈한 지 3개월이 지나자 결제 안전성 문제로 거래량이 더 늘지 않았다. 그래서 즈푸바오를 도입해 난관을 극복하려 했다."

마윈의 야심작인 즈푸바오는 타오바오의 결제 안전성 문제를 해결하기 위해 만든 C2C 거래 플랫폼일 뿐만 아니라 궁극적으로 인터넷상의 전반적인 신용문제를 개선하는 데 그 목적이 있었다.

'자유'의 양면성

전 세계 대형 포털사이트 검색어 순위 1위를 차지하는 것은 바로 섹스sex와 MP3이다. 이는 도덕이라는 틀 안에 갇혀 살고 있지만 실제로는 구속을 싫어하고 자유로움을 추구하는 것이 바로 인간의 본성이라는 점을 다시 한 번 확인할 수 있는 대목이다. 그래서 혹자는 인터넷 세상에는 성인군자가 없다고 말하기도 한다. 인터넷이 처음 등장했을 때 중국인은 물론 자유에 익숙한 미국인까지도 인터넷의 자유주의 정신에 열광했다. '자유'는 20세기 최고의 발명품이라 불리는 인터넷의 탄생과 발전을 이끌어왔다고 해도 지나친 말이 아니다.

초창기에 자유주의 정신이 넘치던 젊은 프로그래머들은 며칠 밤을 꼬박 새워 가며 설계한 프로그램의 소스코드를 무료로 공개함으로써 좀더 많은 네티즌의 참여를 유도하고 정보를 공유할 수 있도록 힘썼다. 이러한 노력 끝에 인터넷은 점차 사람들의 마음속을 파고드는 한편, 자유주의 정신에 입각한 무료화 전략을 추구하는 회사들도 각광받았다. 그러나 냅스터 Napster를 필두로 한 MP3 음악파일 공유 사이트 사건들 때문에 이러한 열기는 한풀 꺾이게 된다. 냅스터는 어느 날 혜성처럼 등장해 MP3 마니아들에게 폭발적인 인기를 끌었다. 그들은 냅스터의 등장을 한 차원 높은 시각에서 해석했다.

"냅스터를 통해서 개인이 갖고 있는 음악파일을 자유롭게 공유할 수 있게 되었다. 냅스터는 인터넷의 자유주의 정신을 실현한 일등공신이라고 해도 지나친 말이 아니다."

그러나 냅스터 등장 후 음반 판매 실적이 뚝 떨어지면서 울상을 짓던 대형 음반회사들이 소송을 제기하자 냅스터는 결국 문을 닫고 말았다. 중국에서도 이와 같은 사건이 발생했다. MP3 무료 다운로드 사이트의 링크를 제공한 중국 최대 검색엔진 바이두닷컴이 음반사들로부터 저작권 침해혐의로 고소를 당한 것이다.

저작권 보호를 위해 온라인상의 행위를 제한하는 일련의 사건들을 보고 있자니 미국의 시사주간지 〈뉴요커 The New Yorker〉에 실린 만화 한 컷이 떠오른다. 만화에서는 개 한 마리가 자판을 두드리며 다른 개에게 말을 건넨다.

"인터넷에서는 우리가 개라는 사실을 아무도 모르겠지?"

인터넷의 익명성을 풍자한 이 말은 이 시대의 금언 金言이 되어 네티즌의 의식에 깊이 자리잡게 되었다. 채팅방에서 상대방을 비방하고 인신공격을 일삼는가 하면, 게시판이나 시사칼럼 란에 악성 댓글을 달아 품위를 떨어뜨리고, 사이버 친구 찾기 사이트에 거짓 정보를 올려 상대를 농락하며, 심지어 해킹 툴을 다운로드받아

타인에게 실질적인 피해를 입히는 네티즌도 등장했다. 이로써 일각에서는 인터넷의 선구자들이 표방한 자유주의 정신이 왜곡되고 있다며 우려의 목소리를 높이고 있다.

중국 전자상거래의 난관

최근 몇 년 동안 전문가들은 중국 전자상거래의 가장 큰 문제점으로 결제문제, 물류문제, 거래상의 보안문제를 지적해왔다. 먼저 결제문제는 물품을 발송하고도 대금을 받지 못하거나 대금을 지불하고도 물품을 받지 못하는 경우를 가리킨다. 두 번째 물류문제는 몇 년 전 B2C 사이트에서도 자주 발생했던 것으로 중국 물류배송의 효율성 저하로 물류의 발진이 심각하게 저해되는 문세이다. 세 번째 거래상의 보안문제는 전자상거래가 좀더 활성화되기 위해 시급히 해결해야 할 과제이다.

온라인거래는 인터넷사업에서도 가장 어려운 축에 속한다. 사실 오픈마켓은 관리 감독기능이 미약하므로 사기꾼이 활개를 치고 사기를 당하는 일이 다반사이다. 이 때문에 신용시스템과 결제시스템의 안전성이 보장되지 않는 상황에서 사기를 당할 위험을 감수하면서까지 전자상거래를 이용하려는 사람은 거의 없다. 이론적으로 보면 전자상거래의 입법과 온라인상의 행위에 대한 제도적인 제약, '신용'에 대한 개념 확립, 결제시스템의 안전성과 편의성 보장은 전자상거래 시대의 필수 조건이다. 그러나 현실적으로 기업 차원에서 이러한 제반 여건을 성숙시키는 것은 무리라고 판단한 마윈이 할 수 있는 가장 쉬운 일은 먼저 완벽한 안전결제시스템을 구축하는 일이었다. 저명한 금융학자 궈성샹郭生祥은 한 사회가 본격적인 신용사회로 발전하기 위해서는 다음과 같은 네 가지 기본 조건을 갖춰야 한다고 보았다.

1. 정보의 대칭성 보장을 위한 안정된 조건과 방법
2. 안전하고 권위 있는 제도적 장치
3. 신용도 향상을 위한 물질적 기초와 조건
4. 확실한 기술적 지원

이 네 가지 여건이 마련되어야 사회의 전반적인 효율성이 개선되며, 탄탄한 물질적 기반 위에 신용사회를 건설할 수 있다는 것이다. 그는 또한 중국의 신용문제를 다음 세 가지로 요약했다.

1. 신용을 바탕으로 한 신앙, 도덕, 법률, 문화, 풍습, 선에 대한 욕구가 사회적으로 결여되어 있으며 신용질서가 미흡하다.
2. 신용에 관한 직업적 정신과 소양이 부족하다.
3. 신용이 산업화되지 못하여 신용 이용의 규모화 조건과 가능성이 결여되어 있다.

신용질서가 미흡하므로, 중국시장에서는 화폐의 유통과 자금의 자본화가 원활히 이루어지지 않으며, 제품의 선물거래가 어려워 생산과 공급 과잉현상이 발생한다. 이뿐만 아니라 신용경제사회가 구현되지 못하고 상품 가격의 대중화와 산업의 하이테크화가 난항을 겪는 등 합리적인 경제구조를 갖추지 못하여 결국 경쟁력이 일정한 규모와 수준에 이르지 못하고 있다는 것이다. 그러나 귀 성상은 새로운 신용경제, 새로운 자본, 새로운 제도, 새로운 과학기술의 지원 속에서 탄생하는 새로운 신용과학기술이 중국의 신용사회 건설에 새로운 기회와 발전가능성을 제공한다는 점에 주목했다. 즈푸바오는 바로 이러한 신기술과 신자본이 결합되어 탄생한 것이다.

회피할 수 없는
자금이동
문제

2005년 1월 26일, 스위스 다보스에서 개최된 2005년 세계경제포럼에 참석한 마윈은 회의석상에서 다음과 같이 발표했다.

"2005년은 중국 전자상거래의 안전결제가 실현되는 한 해가 될 것이다. 안전결제 문제가 해결되지 않으면 진정한 전자상거래는 기대할 수 없다. 안전결제 문제만 해결된다면 알리바바와 타오바오의 판매상들은 확실한 수익을 낼 수 있으리라 확신한다."

마윈의 기대에 부응이라도 하듯 2005년 한 해 동안 에스크로결제대금예치 시스템을 도입하는 회사들이 우후죽순처럼 늘어났다. 그러나 선견지명이 있던 마윈은 그들보다 무려 2년이나 앞서 이 분야에 발을 들여놓았다.

전자상거래의 핵심은 정보의 이동, 자금의 이동, 물류라는 세 가지로 요약할 수 있다. 처음에 마윈은 가장 어려운 자금의 이동과 물류 문제는 회피하고 정보이동 플랫폼 구축에만 힘을 쏟는 듯했다. 그 결과 단시간 내에 정보교류 플랫폼 구축에 성공했지만 진정한 비즈니스가 이루어지려면 자금의 이동 문제를 해결해야만 했다. 사실 마윈은 이 문제를 회피하려 했던 것이 아니며 준비기간을 가졌을 뿐이다. 그 시간에 마윈은 외국에서 사용되는 대부분의 전자상거래 결제시스템을 연구했다.

지불보증시스템의 필요성

은행의 신용평가시스템이 발달한 미국에서 청구대금을 연체하게 된다면 은행은 최대한 예의를 갖춘 다음과 같은 통지서를 보내온다.

"○○○○년 ○○월 ○○일까지 요금을 납부하지 않으시면 당신의 신용평가에 영향을 미칠 수 있습니다."

20달러에 불과한 청구대금 연체가 가져오는 결과는 상상을 초월한다. 어느 날 모든 은행에서 자동차 담보대출은 물론, 주택 담보대출까지 모든 대출이 정지될 수 있다. 은행들은 당신의 신용평가 기록을 심사한 뒤에 "당신은 대출 조건에 부합하지 않습니다"라는 말로 일관할 것이다. 그뿐만 아니라 전화요금, 수도요금, 인터넷요금, 건물 임대료 등에 대한 신용카드 자동결제도 일제히 중지될 것이다. 그 순간부터 당신의 생활은 혼란에 빠지게 된다.

20달러짜리 청구서 한 장이 얼마나 심각한 결과를 초래할 수 있는지 잘 보여주는 예이다. 이러한 사례를 보고도 20달러의 채무를 "고작 20달러일 뿐인데!"라고 넘겨버릴 간 큰 사람이 있겠는가?

이처럼 신용이 발달한 미국사회에서도 전자상거래 기업들은 초창기부터 온라인 결제시스템인 '페이팔PayPal'을 도입했다. 1999년 11월에 오픈한 페이팔 사이트 이용자는 8개월 후 270만 명에서 2년 후에는 수천만 명으로, 현재는 7,000만 명으로 증가했다. 페이팔의 거래 방식은 다음과 같다.

페이팔 계정 소지자는 먼저 수취인의 이메일 주소와 송금액을 입력한 다음 지급 계좌신용카드 계좌, 은행 계좌, 페이팔 계정: 이 계정에는 페이팔에 신용카드나 은행카드 계좌를 등록하지 않은 이용자도 포함를 선택한다. 페이팔 계정의 예금을 인출할 경우, 페이팔 계정에서 은행 이체 요청을 하면 지정된 은행 계좌로 이체된다. 이렇게 송금되면 이메일을 통해 돈이 들어왔다는 메시지가 전해진다.

그렇다면 신용평가시스템이 완벽하게 구축된 미국에서 굳이 페이팔 시스템을 도입한 이유는 무엇일까? 그것은 바로 공포심 때문이었다. 마윈은 전자상거래를 가로막는 최대의 난관은 기술적인 문제가 아니라 눈에 보이지 않는 거래에 대한 공포심이라고 지적했다. 전자상거래의 경우 대금과 물품을 맞바꾸는 방식으로 이루어지는 오프라인 거래와 성격이 다르므로 사람들은 재산상 손실을 입을 수 있다는 두려움에 떨게 된다. '인터넷에서는 우리가 개라는 사실을 아무도 모르겠지?'라는 말처럼 상대방이 어떤 사람인지 전혀 모르는 상황에서 거래를 기피하는 것은 당연한 현상이다.

신용시스템이 제대로 구축되지 못한 중국 전자상거래시장의 여건은 더욱 열악하다. 그래서 중국인은 현금거래나 직거래를 선호하는 경향을 보이며 중국 B2C 사이트들은 대부분 '물건을 직접 배송한 후 대금을 받는 방식'으로 운영된다. 이와 마찬가지로 다른 업종들도 불완전한 신용시스템에 따른 손실을 최대한 피하기 위해 기상천외한 각종 방법을 동원한다. 예를 들면 금융리스회사의 경우 자동차리스 고객의 차량에 GPS 시스템을 강제로 설치하기도 하는데 이러한 '맨투맨 전략'은 실효성이 높아 자동차 리스업계에서 각광받고 있다.

글로벌시대에 중국경제는 세계경제에 편입되어가지만 유독 신용시스템만은 선진화되지 못하고 있다는 데 업계와 학계는 의견을 같이한다.

"중국경제는 고속성장세를 지속하고 있다. 그러나 이에 상응하는 신용시스템이 구축되지 못하고 신용산업이 너무 낙후되어 있는 실정이다."

물론 이러한 문제점이 하루아침에 개선될 수는 없다. 이는 각 대형 은행들의 데이터베이스를 연계하는 작업만으로 해결되는 간단한 문제가 아니기 때문이다. 서구 여러 나라에서는 몇 년 동안 발전 과정을 거치면서 서구의 문화와 가치관에 맞는 신용시스템을 점진적으로 구축해왔다.

수백 개의 개발도상국을 대상으로 한 세계무역기구WTO의 연구보고서에 따르면 산업화 과정에서 일인당 GDP가 1,000달러에서 3,000달러로 상승하는 시점이 바로 신용시스템의 재구축 시기라고 한다. 이러한 점에 주목한 마윈은 2003년이 되자 시기가 무르익었다고 판단했다. 그해 중국 동부 연안 지역의 일인당 GDP가 1,000달러를 돌파했다. 남보다 한 발 앞서 움직이는 것을 좋아하는 마윈은 전국의 일인당 GDP 1,000달러 시대가 오기를 기다리다가는 기회를 놓쳐버리고 말 것이라고 생각했다.

이베이와 페이팔의 빅딜

마윈이 결제시스템 분야에 먼저 뛰어든 중요한 이유는 타오바오 설립 초기에 C2C시장의 자금 이동의 안전성 문제가 B2B시장보다 더욱 심각하여 시급한 해결 과제로 부각되었기 때문이다. 한편 2003년에 이베이는 15억 달러에 페이팔을 인수했으며 그 후 페이팔의 실적은 매우 높아졌는데, 2004년에 이베이의 CEO 휘트먼이 발표한 실적은 다음과 같다.

"현재 미국의 전자상거래 이용자 가운데 3분의 1이 페이팔 계정을 소지하고 있다. 페이팔의 2004년 1분기 영업수익은 동기 대비 69% 증가한 1억 5,500만 달러에 달했으며 거래액은 10억 달러를 넘어섰다."

이베이는 이미 중국시장에 진출했으므로 페이팔의 진출도 시간문제였다. 이 때문에 '선제공격'의 대가인 마윈은 페이팔이 진출하기 전에 전자결제시스템을 출시하겠다는 야심찬 계획을 세웠다. 결제시스템은 금융시스템과 함께 현대국가라면 모두 갖추어야 할 필수조건이라 판단했기 때문이다. 이제 다음 단계는 전자결제시스템을 어떻게 만들지 여부를 결정하는 것이었다.

중국 실정에 맞지 않는 페이팔 모델

에스크로 분야 진출 초기에 마윈은 페이팔 모방에 반대했다. 세계적으로 성공을 거둔 회사의 시스템이라 할지라도 중국의 실정을 고려하지 않고 그대로 적용한다면 분명 커다란 문제가 발생할 것이라고 판단했기 때문이다.

예를 들면 페이팔의 프로세스는 개인 대 개인person to person 방식으로 구매자의 대금이 직접 판매자의 계좌로 송금된다. 그러나 송금된 돈은 되돌려 받을 수 없으므로 구매자의 안전은 보장받을 수 없다. 이러한 모델을 중국시장에 적용한다면 고객들의 공포심은 여전히 해소되지 못할 것이다. 게다가 페이팔 시스템은 이메일 주소만 입력하면 되는 등 가입절차가 간편하여 이를 악용하는 사례도 늘고 있었다. 한번은 국내외의 불법조직과 업체들이 페이팔 시스템을 이용해 돈세탁을 하여 페이팔도 법원으로부터 벌금 부과 판결을 받기도 했다.

이러한 문제점이 있는데도 페이팔이 해외에서 인기를 끌고 있는 중요한 이유는 바로 신용카드시스템과 마찬가지로 신용평가시스템을 엄격하게 구축하고 있기 때문이다. 구매자와 판매자 모두

한 번이라도 규정을 위반하면 블랙리스트에 올라 영원히 페이팔을 이용할 수 없게 된다.

그러나 중국에는 사실 여부와 관계없이 고의로 또는 실수로 판매자를 나쁘게 평가하는 구매자들도 종종 있다. 이러한 상황을 고려하지 않고 단 한 번의 잘못으로 당사자를 영원히 제명시키는 처벌 기준을 중국시장에 적용하기에는 다소 무리였다. 더욱이 직불카드 위주의 은행카드 소비시장이 형성된 중국에서 카드 대 카드 이체방식은 현실적이지 못하다. 이러한 제반 상황을 고려한 마윈은 반드시 중국인의 소비습관에 부합하는 새로운 시스템을 제작해야 한다는 생각을 하게 되었다.

마윈은 비교적 단순한 결제대금예치방식으로 운영되는 escow.com을 벤치마킹 모델로 삼았다. 자금 이동 과정에 대한 감시·통제와 물류 검사를 실시하는 이 사이트는 구매자의 대금과 판매자의 물품에 이상이 없음을 확인한 뒤 구매자에게는 물품을 발송하고, 판매자에게는 대금을 지불한다. 쉽게 말하면 중개 서비스를 제공하는 것이다. 이러한 시스템을 도입한 마윈은 회원들의 의견을 수렴하고 검토를 거친 다음 즈푸바오의 모델을 최종 확정했다.

즈푸바오의 거래방식은 다음과 같다. 구매자가 즈푸바오의 가상계좌에 대금을 송금하고 즈푸바오가 판매자에게 입금 확인 사실을 통지하면 판매자가 물품을 발송한다. 도착한 물품에 이상이 없음을 확인한 구매자는 즈푸바오에 물품 수령과 구매 확정을 통보한다. 즈푸바오가 구매자의 가상계좌에 예치된 대금을 판매자의 가상계좌로 이체하면 판매자는 은행에서 해당 금액을 인출할 수 있다. 이것이 바로 즈푸바오 1.0 버전의 기본 기능이다. 타오바오닷컴 오픈 3개월 후인 2003년 10월 즈푸바오는 타오바오의 추천 결제시스템이 되었다.

즈푸바오가 탄생하기까지

즈푸바오가 등장하기 전 중국 전자상거래시장에서는 비교적 규모가 큰 B2C 사이트들만이 '물건을 직접 배송한 후 대금을 받는 방식'으로 거래할 수 있었다. 이러한 방식은 많은 비용과 높은 리스크를 감수해야 하므로 C2C 판매자들이 감당하기에는 무리가 있었다. 일반적으로 C2C 판매자들은 구매자가 자신들의 은행계좌에 대금을 송금하면 팩스 등으로 입금 사실을 확인한 다음에야 물품을 발송한다. 결국 모든 리스크는 구매자가 떠안게 되는 셈이다.

"오픈 후 몇 달이 지난 9, 10월경에 타오바오는 커다란 난관에 봉착하게 되었다. 클릭수도 많고 판매자와의 상담건수도 많은데 거래량이 좀처럼 늘지 않았다. 조사 결과 물품에 관심은 많지만 최종 결제 단계에서 주저하는 구매자들이 많다는 사실을 확인할 수 있었다. 사이트에 게재된 사진만 보고 실물도 확인하지 못한 물품을 구입한다는 것은 모험이라는 의견이 지배적이었다."

바로 그 시점에 즈푸바오가 출시되었다. 그러나 즈푸바오로 하루아침에 거래의 주도권을 빼앗긴 판매자들의 원성이 높았다. 판매자들은 너나 할 것 없이 즈푸바오는 타오바오가 판매자들을 신뢰하지 않는다는 증거 아니냐며 불만을 토로했다. 이에 마윈과 타오바오의 고위층은 다음과 같이 판매자들을 설득했다.

"구매자가 결제의 안전성 문제로 전자상거래를 포기하면 시장은 더 발전할 수 없다. 그렇게 되면 판매자도 큰 수익을 창출할 수 없게 되니 결국 손해이다. 구매자의 태도가 전자상거래의 생사를 결정한다고 해도 지나친 말이 아니다. 주도권이 구매자에게 넘어가면 거래에 대한 구매자들의 불만이나 불안감이 해소되어 거래량이 늘 것이며 온라인 쇼핑몰을 찾는 고객도 많아지면서 시장은 더욱 활성화될 것이다. 그렇게 되면 구매자는 물론 판매자와 타오바오, 더 나아가서는 전자상거래시장까지도 모두 수혜자가 되는 것이다."

판매자를 설득하는 일은 별로 어렵지 않았다. 판매자들은 내부분 즈푸바오 출시 후 얼마 지나지 않아 판매량이 늘어나는 것을 몸소 확인했기 때문이다.

사실 이 시스템을 선보이면서 설득해야 할 대상에는 은행도 포함되어 있었다. 그러나 은행을 설득하는 일은 좀더 어려워보였다. 즈푸바오 시스템을 운영하기 위해서는 은행과 긴밀히 협력해야 하지만 은행으로서는 업무량을 가중시키는 서비스를 제공할 의무가 없었기 때문이다. 마윈은 일단 부딪쳐보자는 생각으로 은행을 찾아갔다. 그때를 회상하던 마윈은 회심의 미소를 지으며 말했다.

"우리는 먼저 중국 공상은행 항저우 지점 산하의 시후 분점을 찾았다. 사실 성공가능성이 희박하다고 지레 겁을 먹고 갔는데 은행에서는 예상과 달리 매우 호의적인 반응을 보였다."

물론 알리바바의 명성도 어느 정도 작용했겠지만 은행이 즈푸바오 시스템에 큰 관심을 보인 결정적인 이유는 수익성 때문이었다. 당시 창구를 통해 이루어지는 대량의 소액 거래만으로는 적자를 면할 수 없었다. 소액 거래를 통해 발생하는 수수료와 이자수입으로는 창구 직원의 임금과 건물 임대료 등 은행의 제반 비용도 충당하기 어려웠기 때문이다. 이러한 이유로 인터넷뱅킹 서비스에 점차 눈을 돌리던 은행으로서는 알리바바가 제시한 즈푸바오 협력 업무는 구미가 당기는 제안이었다.

처음 즈푸바오가 출시되었을 당시엔 하루 평균 거래량이 무려 2~3만 건에 달했다. 당시 은행 직원 일인당 하루 평균 업무 처리량은 200여 건에 불과했는데 100~150명에 달하는 은행 직원들이 하루 종일 즈푸바오 계좌처리 업무에만 매달려야 했던 것이다. 대책 마련에 고심하던 중국 공상은행 항저우 지점에서는 수십 개 출장소에 근무하는 인력을 총동원해서 즈푸바오의 계좌를 처리하는 사태가 벌어졌다.

그러나 즈푸바오 시스템의 컴퓨터와 공상은행의 컴퓨터가 연계되어 즈푸바오의 가상계좌와 인터넷뱅킹 계좌의 이체 업무를 온라인으로 처리할 수 있게 되면서 이러한 문제는 자연스럽게 해결되었다. 은행의 전폭적인 지지로 즈푸바오 시스템의 자금 처리 소요 시간은 반나절 정도로 단축되었다. 이베이이취가 페이팔 시스템을 도입한 후 즈푸바오의 자금 처리 과정이 페이팔보다 훨씬 간단하다는 사실이 증명되었다. 판매자에게 편리하고 신속한 자금의 이동만큼 중요한 것은 없는 법이다.

Part 4 무엇보다 신용이 우선이다

즈푸바오는 전자상거래 발전의 가장 큰 걸림돌을 제거함으로써 타오바오 거래량이 폭발적으로 증가하는 데 결정적으로 기여했다. 지금까지도 타오바오 직원들은 타오바오가 이베이라는 강적을 물리치고, 중국 내 C2C시장에서 선두를 차지하는 쾌거를 이룩할 수 있었던 비결은 바로 즈푸바오 덕분이라고 주저 없이 말하곤 한다.

또 즈푸바오는 타오바오의 경쟁력 향상에도 결정적인 역할을 했다. MSN 경매 서비스 채널의 협력업체 선정 과정에서 타오바오가 이베이를 누르고 중국 협력 파트너로 선정된 사건이 가장 대표적인 예이다. 마윈은 타오바오가 MSN의 선택을 받을 수 있었던 이유는 타오바오만의 독특한 신용평가시스템과 거액을 투자하며 야심차게 추진한 안전결제시스템인 즈푸바오 덕분이라고 밝혔다. 2004년에 출시된 즈푸바오는 4대 국유은행과 초상은행招商銀行의 시스템과 긴밀히 연계해 판매자와 구매자 모두에게 안전한 대금결제 플랫폼을 제공하고 있다. 그리고 즈푸바오와 VISA의 협력은 이러한 안전결제시스템이 세계화되는 발판을 마련해주었다.

페이팔의 전략

2004년 이베이이취는 '안푸퉁安付通'을 출시했다. 이는 거래에서 중립적인 위치에 있는 제3자가 판매자와 구매자의 교량 역할을 하는 방식이다. 즉 구매자가 물품 대금을 제3자인 '안푸퉁'의 전용 계좌에 송금하면 안푸퉁에서 해당 대금을 예치한 다음 거래 사이트에서 판매자에게 입금 확인 사실을 통지하면서 물품 발송 지시를 한다. 구매자는 배송받은 물품에 이상 유무를 확인하고 '안푸퉁'에 판매자에게 대금을 지불하라고 통지한다. 이 시스템은 4년 전 이취에서 개발한 '이푸퉁易付通' 온라인결제서비스의 업그레이드 버전인데 즈푸바오와 가장 큰 차이점은 즈푸바오에는 개인계좌가 개설되어 있지만 안푸퉁에는 없다는 것이다.

안푸퉁 서비스 지원 상품의 판매율이 안푸퉁 비지원 상품보다 높긴 했지만 판매자들은 '안푸퉁'을 사용한 뒤 물품의 재고기간이 3~14일이나 늘어나 비용이 증가되고, 판매자가 발송한 물품을 구매자가 받지 못했을 경우 손해배상 등 몇 가지 문제점을 지적했다.

한편 2003년에 이베이가 인수한 페이팔이 2005년 7월 마침내 중국시장에 발을 들여놓았다. 그러나 페이팔 시스템을 중국의 금융정책과 산업 환경에 부합하도록 개선하기 위해서는 상당한 시간이 필요했으며, 더욱이 중국시장에는 즈푸바오라는 막강한 안전결제시스템이 굳건하게 뿌리를 내린 상황이었다.

알리바바의 고위층은 페이팔이 판매자가 대금을 받고도 물품을 발송하지 않는 등 거래의 안전성 문제를 여전히 해결하지 못할 뿐 아니라 신용카드 의존도가 과도하게 높다고 지적했다. 신용카드가 아직 보편화되지 않은 중국시장에서 신용카드 의존도가 높다는 것은 큰 약점이 아닐 수 없었다. 페이팔은 중국의 실정을 고려한 현지화 전략을 지속적으로 실시했지만 현지화 수준이 미흡하다는 고객들의 의견이 지배적이었고, 금융정책의 장벽도 페이팔의 난항에 결정적인 요인으로 작용했을 것이다. 중국정부는 개인 회원과 해외 구매자나 판매자 사이의 거래에 따른 자금 유통이 돈세

탁 문제를 초래할 수 있다고 우려했기 때문이다.

현재 이베이이취에서는 안푸퉁과 페이팔 두 가지 시스템을 병용한다. 두 시스템 모두 나름대로 장점이 있다. 안푸퉁이 중국인의 이용 습관에 적합하다면 국제적인 결제 표준인 페이팔은 해외 고객들과 거래하는 데 적합하다. 그러나 일반 사용자들은 매번 거래할 때마다 두 가지 시스템 중 하나를 선택해야 하므로 사실상 좀 번거롭고 거래의 효율성이 떨어지게 되었다. 이로써 페이팔의 한 발 늦은 중국시장 진출은 이베이의 대 중국 전략의 최대 오점으로 남게 되었다.

즈푸바오 하버드 보내기 대작전

2004년 12월, 즈푸바오는 마침내 타오바오에서 독립하게 된다. 물론 독립 후에도 타오바오 사이트의 결제액 처리가 즈푸바오의 중요한 업무였다. 타오바오의 거래 80%가 즈푸바오를 통해 이루어졌으며, 즈푸바오의 하루 평균 거래액 3,800만 위안 가운데 약 70%에 해당하는 2,700만 위안이 타오바오의 거래액이었다. 즈푸바오의 기존 직원 200여 명 가운데 절반 정도는 고객서비스 업무를, 재무 관련 경력이 있는 직원들은 자금결산 업무를 담당하게 되었다. 그러나 타오바오에서 분리되어 알리바바 산하의 독립된 자회사가 된 즈푸바오는 이렇다 할 수익을 내지 못했다. 이에 대해 즈푸바오의 고위층은 다음과 같이 해명했다.

"지금은 알리바바에서 즈푸바오의 지출 비용을 지원해주는 상황이므로 당분간 수익에 대한 부담은 갖지 않을 것이다. 사실 즈푸바오를 통한 모든 거래에서 수수료를 챙기면 금방 수익을 낼 수 있으니 수익을 내기는 쉽다. 그러나 이러한 수익은 즈푸바오는 물론 타오바오와 알리바바의 발전에도 긍정적인 영향을 주지 못할 것이다. 물론 이윤 추구를 목적으로 하는 기업이 수익을 내지 못하는 것은 '죄악'일 수도 있다. 하지만 즈푸바오는 앞으로 더 큰 수익을 낼 것이라 확신하기 때문에 지금 즈푸바오가 겪고 있는 난항은 아무것도 아니라고 생각한다."

마윈은 알리바바그룹을 가족에 비유했다. 알리바바가 일찍 부모를 여의고 갖은 고생을 하면서 동생들의 학비를 버는 듬직한 맏형이라면, 타오바오는 중학교를 갓 졸업하고 명문대학을 가겠다는 야무진 꿈을 꾸면서 오빠가 어렵게 번 돈을 예쁜 스커트를 사는 데 몽땅 써버리는 말괄량이 여동생이고, 즈푸바오는 갓 초등학교에 입학했으면서 앞으로 커서 돈을 많이 벌어 형과 누나를 호강시켜 주겠다는 당찬 포부를 밝히는 막내이다. 막내의 가능성을 발견한 맏이는 결국 모든 희생을 감수하고라도 막내를 미국의 하버드대학에 진학시키겠다고 결심한다. 즈푸바오는 타오바오라는 첫 '시험대'에 올라 성공을 거두었다. 이로써 즈푸바오의 결제방식은 고객들에게 인정을 받았을 뿐 아니라 타오바오가 강적 이베이와 경쟁하여 승리하는 데 크게 기여했다.

즈푸바오의 고위층은 즈푸바오의 독립 이유를 다음과 같이 설명했다.

"즈푸바오는 타오바오에서 임무를 완수했다. 첫 시험을 무사히 통과했는데 언제까지 타오바오 뒤에서 조력자 역할만 할 수는 없다. 즈푸바오는 더 큰 시장으로 나아가고 큰 무대로 도약하기 위해 독립했다."

마윈은 2004년 8월 '전자서명법'의 통과로 전자결제가 중요한 결제방식으로 자리잡을 것으로 확신했다. 그러나 중소쇼핑몰과 전자상거래사이트는 대부분 결제 플랫폼의 개발과 보호에 거액을 투자할 만한 능력이 없으므로 제3자 결제대금 예치 플랫폼 선택이 대세가 될 것이다. 그렇게 되면 페이팔이 현재 미국 온라인 결제시장의 90%를 점유하며 기존 신용카드 업계에 위협을 가하는 것과 같은 상황이 중국에서도 벌어질 수 있다.

전자결제를 논할 때 알리바바의 베스트셀러인 '청신퉁誠信通'을 언급하지 않을 수 없다. 알리바바 설립 초기에 온라인 신용관리 시스템으로 이용되던 청신퉁은 전통적인 인증 서비스와 인터넷의 쌍방향 및 실시간이라는 특성이 결합되어 물품 정보와 함께 협력업체의 평가, 알리바바에서의 활동 등 여러 가지 요소가 포함된 판매자의 신용정보가 고객에게 제공되는 시스템이다. 다시 말해 알리바바에서의 일거수일투족이 청신퉁에 기록되고 모두에게 공개되는 것이다. 이 시스템에서는 구매자와 판매자가 거래에 앞서 상대방의 정보를 조회할 수 있도록 제3자가 객관적으로 기록한 공신력 있는 정보를 제공하므로 거래 리스크가 대폭 줄어든다. 이처럼 신용을 효과적으로 관리할 수 있는 청신퉁은 가격도 비싸지 않아 업체들에게 큰 인기를 끌었다.

이와 마찬가지로 즈푸바오도 판매자와 구매자의 거래에서 중개인 역할을 담당한다. 즈푸바오는 감시·감독 기능을 수행하여 판매자와 구매자의 신용 리스크를 낮추어줄 뿐만 아니라 분쟁이 발생할 경우 중재를 해준다. 즈푸바오의 최종 목표는 타오바오에서 쌓은 풍부한 경험을 토대로 세계 온라인 결제시장에 중개 서비스를 제공하는 것이다. 즈푸바오의 한 고위층은 "즈푸바오는 현재 타오바오를 포함한 10만 개 사이트에서 활용되고 있다. 하지만 아직 갈 길이 멀다고 생각한다. 지금의 C2C시장은 아직 활성화되지 못했고 여러 가지 허점이 발견되고 있다. 즈푸바오 같은 안전결제 시스템을 확충하려는 노력이 더욱 절실하다"라고 밝혔다.

2005년 이후 중국에는 지불결제 대행업체들이 우후죽순으로 생겨나 중국 국내 업체만도 30여 개에 육박한다.

"제도적인 보장 장치가 없으면 큰 위기가 초래될 수 있다. 일부 회사들은 핫머니로 운영되기 때문에 해외자금이 자연스럽게 중국 국내로 유입되었다가 썰물처럼 빠져나가는 아주 위험한 상황이다. 한편 일부 회사들의 도산에 따른 자금 유실은 가뜩이나 미성숙한 시장에 엄청난 충격을 가져온다. 즈푸바오를 출시하기 전에는 우리가 먼저 하지 않으면 페이팔이 중국시장을 장악해버릴 것만 같은 생각이 들었다. 세계 최대의 지불결제 대행업체가 중국시장에 들어와서 중국경제를 쥐고 흔드는 사태가 발생할까봐 두려웠던 것이다."

그리고 마윈은 덧붙여 말했다.

"나는 사명감을 갖고 즈푸바오를 출시했다. 페이팔과의 시간 싸움에서 지지 않기 위해 사투를 벌였다고 해도 지나친 말이 아니다."

선제공격은 마윈의 경쟁력이다. 그는 상대방의 다음 전략을 알아내 한 발 먼저 움직임으로써 여유로운 미소를 지으며 기다리곤 한다.

즈푸바오의 '손해배상 마케팅'

2003년 미국의 일인당 평균 온라인쇼핑 피해액은 293달러를 기록했다. 2005년 중국의 인터넷 조사결과 42.3%의 이용자가 온라인쇼핑의 안전성에 회의를 품고 있다는 사실이 드러났다. 즈푸바오가 출시된 지 3년이나 지났고 국제적으로 명성을 떨치고 있는 페이팔이 중국에 진출했음에도 안전결제 문제는 여전히 온라인쇼핑 발전의 걸림돌이 되고 있는 것이다. 거래에 대한 불신, 피싱phishing, 인터넷뱅킹 사기 등 수많은 안전 문제들은 지금까지도 이용자들을 불안에 떨게 한다.

2005년 7월 6일, 즈푸바오는 '거래 안전문제에 대한 배상 규정'을 공식 발표했다. 철저한 책임의식에서 출발한 이 계획에 대해 마윈과 즈푸바오의 고위층은 다음과 같이 말했다.

"제3자 결제대금예탁회사인 즈푸바오는 온라인거래의 리스크를 대폭 낮추었다. 그러나 즈푸바오의 목표는 단순히 리스크를 줄이는 것이 아니다. 리스크를 0%로 만들어야 전자상거래 시장이 본격적으로 발전할 수 있다."

이베이이취도 이와 비슷한 시도를 했는데, 2002년 이취는 중국 최초로 구매자 보호를 위한 결제안전기금을 설립하여 최고 1,000위안까지 보장해주었다. 또 구매자 때문에 판매자가 피해를 볼 가능성에도 주목하여 '안푸퉁보장기금安付通保障基金'을 설립하여 최고 3,000위안까지 피해를 본 판매자에게 보상해주기로 했다. 구매자가 물품을 배송받고도 '안푸퉁'에 대금지급 결정 통보를 하지 않는 경우 판매자가 보장기금을 신청하면 사이트에서는 해당 금액을 지급해준다. 그러나 안푸퉁보장기금에는 허점이 있었다. 하나는 판매자의 이익만을 보호해준다는 점이고, 다른 하나는 최고 보장액을 3,000위안으로 제한했다는 점이다. 판매자들은 물품 대금이 3,000위안을 넘는 경우가 많다고 불만을 토로했다.

온라인에서 제3자 결제대금예탁시스템은 다음과 같은 방식으로 운영된다. 즈푸바오의 예를 들면 구매자가 물품 대금을 즈푸바오 계좌에 입금하면 즈푸바오는 판매자에게 발송 통지를 한다. 그런 다음 물품을 배송받은 구매자가 즈푸바오에 대금 결제를 요청하면 즈푸바오에서 해당 금액을 판매자의 즈푸바오 가상계좌로 보내게 된다. 하지만 이 과정에서도 분쟁의 소지는 다분히 존재한다. 비근한 예로 판매자가 물품을 발송했는데도 구매자가 수령 확인을 해주지 않는 경우를 들 수 있다. 구매자가 고의로 대금지급을 피할 가능성도 있고, 물품에 이상이 있어 판매자와 상담이 필요할 가능성도 있으며, 물품 운송 과정에서 문제가 발생했을 가능성도 생각해볼 수 있다. 그러나 구매자와 판매자가 서로 책임을 미루고 한 치의 양보도 하지 않으며 구매자가 끝까지 수령 확인을 해주지 않는다면 분쟁은 결코 해결되지 않는다.

즈푸바오는 이러한 제반 분쟁을 해소할 수 있는 대책을 마련했다. 물품을 배송받고도 수령 확인 통지를 하지 않는 구매자로 인한 판매자들의 피해를 막기 위해 즈푸바오는 기한을 설정했다. 일정 기한 내에 구매자가 아무 이유 없이 물품 수령 확인을 하지 않거나 물품에 이상이 있다는 어떠한 증거도 통보하지 않을 경우, 즈푸바오는 기한이 지나면 자동으로 판매자에게 대금을 지급한다. 구매자가 물품에 문제가 있다는 증거를 제시할 경우에는 판매자에게 변명할 기회를 한 번 주고 즈푸바오가 쌍방의 의견 및 증거를 검토한 다음 구매자에게 구매 결정을 독촉하거나 판매자에게 반품 수락을 독촉하게 된다.

그러나 구매자도 일리 있는 말을 하고, 판매자도 합리적으로 항변한다면 여전히 분쟁은 해소되지 않는다. 사실 노련한 판매자들은 물품을 포장하기 전에 사진을 찍어두거나 무게를 재는 등 증거를 확보해둔다. 만일 구매자가 제시한 사진이나 증거가 판매자의 증거와 다를 경우, 운송 과정에서 문제가 발생했을 가능성이 높다. 그러나 운송과정에서 발생하는 피해에 대해서는 판매자나 구매자 어느 누구에게도 책임을 물을 수 없다. 즈푸바오의 '손해배상 규정'은 바로 이러한 경우를 대비한 것이다.

즈푸바오가 쌍방의 손해를 배상하는 경우는 다음과 같다. 대금결제 후 판매자가 구매자에게 물품을 발송하지 않거나 구매자가 받은 물품이 판매자가 제공한 사진이나 물품 정보와 다를 경우, 제3자로서 감독관리 기능을 수행하는 즈푸바오는 구매자에게 상품 가치와 동일한 금액을 '전액 배상' 해줌으로써 구매자와 판매자의 이익을 동시에 보호해준다. 이러한 전액 배상의 경우 상한선이 없다.

즈푸바오 출시 후 3년 동안 배상 총액은 약 수십만 위안에 달했는데 최고 배상액은 3만 위안이었다. 타오바오의 안전결제 총책임자는 구매자들이 즈푸바오의 이용 규정만 잘 지켜도 안전하다며 규정의 중요성을 강조했다. 타오바오의 거래분쟁 발생 비율은 1000분의 1~1000분의 3 정도다. 즈푸바오는 이러한 분쟁 업무 처리를 전담하는 팀을 6~7명으로 구성했다. 각종 상품 분야의 전문가들로 구성된 분쟁처리팀은 구매자와 판매자가 제공한 사진과 정보만으로도 진위를 판단할 수 있다.

즈푸바오가 '손해배상 규정'을 발표하고 얼마 후 이베이이취도 안전결제시스템인 '안푸퉁'을 업그레이드하여 안푸퉁을 이용하는 판매자와 구매자에게 전액 배상제도를 실시할 계획이라고 밝혔다. 이에 질세라 알리바바도 발 빠르게 대처하여 타오바오의 '즈푸바오'를 업그레이드한 즈푸바오 2.0 버전을 출시한다고 발표했다. 즈푸바오 2.0 버전에서는 기존의 온라인거래 기능에 물류 기능을 추가하였는데 조사결과 판매자와 구매자의 분쟁을 해결한 후 즈푸바오에서 손해배상한 사건들이 모두 물류 문제로 발생했다는 사실이 밝혀졌기 때문이다.

물류회사의 운송 과정에서 문제가 발생했다는 분명한 증거가 있어도 일반적으로 물류회사의 피해 보상은 화물의 가치보다는 운송비를 기준으로 하므로 판매자나 구매자가 그 차액을 떠안게 된다. 이러한 경우에는 즈푸바오에서 차액을 배상하기 때문에 물류회사를 즈푸바오 시스템에 편입시킬 수밖에 없었다. 전자상거래의 핵심 요소는 정보의 이동, 자금의 이동 그리고 물류이다. 정보와 자금의 이동문제가 기본적으로 해결되자 마윈은 물류문제를 놓고 고심하던 끝에 즈푸바오 시스템과 물류회사의 배송정보 시스템을 연계하기로 결정했다. 그렇게 되면 고객들이 실시간으로 로그인하여 물품의 배송 상태를 확인할 수 있을 뿐 아니라 물류회사의 서비스에 대한 고객 만족도도 향상될 수 있기 때문이다.

중국 내 유명 물류회사들이 즈푸바오의 물류정보 시스템의 가맹업체가 되었지만 즈푸바오의 목표는 여기에 그치지 않았다. 바로 전국적인 규모의 물류중앙처리시스템을 구축함으로써 방카슈랑스 이외의 제3자 서비스를 제공하는 것이 즈푸바오의 원대한 목표이다. 타오바오에 제공하는 서비스는 단지 즈푸바오의 일부 기능에 지나지 않는다.

Ma¥un
₩ay

PART 5

모든 것은 커뮤니케이션에서 시작된다

"회사의 발전은 직원을 위한 것이고,
회사의 발전은 직원들에 의해 가능하며,
발전의 성과는 직원들에게 돌려주어야 한다."

고객확보는
윈도쇼핑에서
시작된다

　　직원들이 근무시간에 사적인 대화를 하는 것을 막거나 보안 등의 이유로 회사 내에서 메신저를 쓰는 것을 금지하는 회사들이 있다. 타오바오가 처음 론칭되었을 때 '사스' 때문에 집에서 근무해야 했던 쑨퉁위는 야후 메신저를 통해 화상으로 사람들과 함께 타오바오의 탄생을 축하해야 했다. 이를 통해 알 수 있는 것은 타오바오는 직원들의 메신저 사용을 막지 않았으며 직원들이 쓰는 메신저는 당시 유행하던 MSN이나 QQ가 아니라 야후 메신저였다는 사실이다.

　　그런데 이때가 바로 2003년 봄이었다는 사실에 주목하자. 왜냐하면 직원들이 야후 메신저를 쓰던 이 시기는 알리바바가 야후 차이나를 인수하기 몇 년 전이었고 야후 메신저가 그다지 대중적으로 인기가 있었던 것도 아니었기 때문이다. 알리바바의 직원들은 특별한 이유는 없고 단지 마윈의 뜻이었다고 한다. 굳이 그 이유를 찾자면 마윈이 원래 야후에 호감을 갖고 있었다는 것이다.

2006년 9월, 알리바바가 항저우에서 '온라인상인대회'를 열었던 시기는 바로 알리바바가 야후차이나 개혁 작업을 한창 진행하던 시기였다. 중국의 언론은 언제나 과감하고 결단력 있던 마윈이 야후차이나 개혁 작업을 주저하는 모습을 보고 제리 양과 마윈의 관계에 대한 여러 추측을 내놓았다. 이때 제리 양은 멀리 미국에서 항저우로 건너와 수많은 사람들이 참석한 가운데 저장성 인민대회당에서 마윈과 함께 단상에 앉아 서로 칭찬하고 있었다. 마윈이 처음 인터넷을 접한 것은 야후를 통해서였으며 알리바바를 조그맣게 시작할 때는 제리 양이 그에게 이메일을 보내 "시간이 되면 같이 앉아서 세계 인터넷의 발전방향에 대해 논의해보자"며 알리바바를 높이 평가해주었다.

한 참석자가 제리 양에게 알리바바와 야후의 합병과정에 대해 만족하느냐고 질문하자 그는 두 회사가 보여준 협력정신에 '매우 만족'한다며 조심스럽게 답했다. 마윈은 제리 양이 인터넷창업자들의 우상이라고 말했는데 그렇기 때문에 여러 메신저 중에서 자신의 우상인 야후의 메신저만 직원들에게 사용하도록 한 것을 이해할 수 있다.

알게 모르게 시장점유율을 높이다

타오바오 직원들의 컴퓨터에는 최소한 3개 이상의 메신저가 깔려 있다. 알리바바그룹에 속해 있는 야후 메신저, 마오이퉁貿易通 메신저, 타오바오왕왕淘寶旺旺 메신저가 그것이다. 그리고 외부와 연락이 많은 직원들은 MSN도 사용한다. 그러나 중국인이 가장 많이 쓰는 QQ 메신저는 전혀 쓰지 않는다. 이 메신저들은 주로 회사 사람들끼리의 커뮤니케이션에 쓰이는데 야후 직원들과는 야후 메신저로, 알리바바 직원들과는 마오이퉁으로, 타오바오 직원이나 회원들끼리는 타오바오왕왕으로 교류한다. 그런데 메신저가 이렇게 많을 필요가 있을까? 하나로 합치면 더 깔끔하고 편하지 않을까?

그러나 타오바오 사람들은 왕왕메신저야말로 타오바오 성공의 일등공신이며 이베이이취와의 경쟁에서 결정적인 공을 세운 당사자라고 말한다. 그저 메신저일 뿐인데 어떻게 경쟁에서 큰 역할을 할 수 있었을까?

중국의 메신저시장을 보면 개인용 메신저는 많이 발전했으나 기업용 메신저 분야는 발전이 매우 더뎠다. 중국의 권위 있는 IT연구자문기관인 CCID컨설팅은 2006년 초 보고서에서 중국 메신저시장 중 기업 관련 상품은 11.6%에 불과하며 개인용 응용소프트웨어가 88.4%를 차지한다고 밝혔다. 그러나 2006년 상반기에 세계 최대의 다운로드사이트인 쉰레이닷컴xunlei.com과 중국의 유명 시장조사자문회사인 아이루이艾瑞컨설팅이 공동으로 주최하여 선정한 최신 '10대 유행 소프트웨어'를 살펴보면 QQ 메신저의 시장 점유율은 낮아진 반면 알리바바의 비즈니스 메신저인 '마오이퉁'이 예상을 깨고 큰 폭의 성장을 보였다. 중국의 기존 메신저시장의 구도가 바뀌기 시작한 것이다.

마오이퉁은 알리바바가 B2B 고객들을 위해 내놓은 메신저이다. 이렇게 특정 고객을 겨냥해 만든 메신저가 알게 모르게 성장하여 훨씬 대중적으로 쓰이는 야후 메신저 등을 제치고 3위를 차지했다는 사실에 사람들은 놀라움을 감추지 못했다. 그러나 인터넷 산업연구기관인 이관궈지易觀國際와 CCID컨설팅의 애널리스트들은 이는 결코 의외가 아니라고 지적했는데 현재 개인 메신저시장은 진입장벽이 높고 경쟁이 치열한 반면 기업 메신저시장은 잠재력이 높아 사용자가 늘어날 수밖에 없다는 것이다.

알리바바의 한 관계자는 다음과 같이 말했다.

"마오이퉁은 2003년 첫선을 보인 후 불과 2년 만에 1,200만여 명의 비즈니스회원을 보유했다. 비록 대중적인 일반 메신저에 비하면 그리 많은 숫자는 아니지만 실질적으로 이용하는 유효회원수로만 본다면 QQ, MSN을 훨씬 뛰어넘는다. 그리고 앞으로 알리바바그룹에 속해 있는 야후 메신저, 타오바오왕왕이 마오이퉁과 연결된다면 시장점유율은 지속적으로 늘어날 것이다."

그렇다. B2B 사이트인 알리바바에서는 마오이퉁 메신저를 내놓았고 C2C 사이트인 타오바오에서도 이를 본떠 '타오바오왕왕'이라는 메신저를 선보인 것이다. 그리고 야후차이나를 인수하면서 야후 메신저가 알리바바의 품 안으로 들어오게 되었다.

누가 거래의 주도권을 쥘 것인가

2003년 타오바오가 아직 걸음마단계에 있을 무렵 왕왕메신저는 타오바오와 이베이이취를 구분 짓는 중요한 특징이 되었다. 타오바오의 공식적인 소개에 따르면 왕왕메신저는 문자채팅, 음성, 화상통화뿐 아니라 거래알림기능, 실시간통보, 최신 비즈니스 정보제공 등의 기능이 포함되어 온라인거래에서 필수적인 도구다.

기술적인 면에서 볼 때 타오바오 왕왕메신저는 다른 메신저들이 모두 제공하는 화상채팅기능도 2006년에나 제공했을 정도로 그다지 특별한 기능을 자랑하지는 않았다. 타오바오 관계자도 "우리는 왕왕메신저가 그저 일반적인 메신저라고는 보지 않는다. 상업적인 용도로 개발한 보조적인 도구로 생각한다. 물론 메신저의 특징을 가지고 있지만 타오바오 사이트와의 연계에 좀더 중점을 두었다. 즉 타오바오에서 거래하는 구매자와 판매자가 거래하면서 좀더 편하게 커뮤니케이션하도록 만든 것이다. 거래 성사가 주요 목적이다"라고 말했다.

반면 이베이이취는 이런 소프트웨어를 제공하지 않았는데 그 의도는 명확했다. 거래 과정을 통제하여 회원들이 이베이 사이트를 통해서만 거래하도록 유도한 것이다. 만약 메신저를 선보였다면 이베이의 자체적인 통제력은 상대적으로 감소했을 것이다. 좀더 현실적인 문제로는 이베이이취의 수익원이 바로 이곳을 통해 거래될 때마다 회원들이 내는 수수료였기 때문에 거래자들이 메신저를 통해 상담할 경우, 이베이를 통하지 않고 오프라인이나 다른 방식으로 따로 거래할 위험이 있었다. 더구나 이베이이취에는 즈푸바오 같은 제3자 지불 시스템이 없어 온라인 거래와 오프라인 거래에 큰 차이점이 없었기 때문에 몇몇 판매자들은 수수료를 내면서 굳이 온라인상에서 거래하려 하지 않았다. 이것은 이베이이취에게는 분명 손실요인이었다.

이러한 이유들 때문에 이베이이취는 처음부터 판매자와 구매자가 직접 상담하는 것보다는 게시판을 통해 상담하는 방식을 권장했다. 그러나 이 방식은 불편하기도 하거니와 실시간상담이 아니라 시간이 많이 걸렸기 때문에 알게 모르게 불편한 점이 많았다. 또 다른 이유는 당시 이베이이취의 고객들이 대부분 상하이에 몰려 있었는데 이렇게 같은 도시에서 거래할 경우 메신저가 그렇게 중요한 역할을 하지 못했다는 점이다.

타오바오는 시장조사를 통해 초기 C2C시장을 개척하기 위해서는 메신저가 꼭 필요하다고 판단했다. C2C시장에 관심을 갖고 있는 고객들은 대부분 자금의 안전문제이 문제는 즈푸바오로 이미 해결했다나 실제 상품의 질이 어떤지에 대한 의문을 갖고 있었기 때문이다.

"바로 고객들의 이러한 심리에서 힌트를 얻었다. 이베이이취를 이용하는 몇몇 고객들은 의사소통이 매우 힘들다고 불평했다. 웹사이트상에서만 거래했기 때문에 사고자 하는 물품의 질이 어떤지 제대로 판단할 길이 없었던 것이다."

쏜퉁위는 이러한 점에 착안했고 또한 이베이가 이 부분을 해결하지 않는 것을 보고는 이베이이취를 쓰러뜨릴 묘안이 바로 여기에 있다고 생각했다. 거래 당사자들끼리의 신뢰도가 부족한 문제는 메신저를 통해서 구매자가 빠르고 편리하게 판매자와 상담한다면 해결되지 않겠는가? 판매자와 상담을 통해 이 상품이 살 만한 가치가 있는지, 판매자의 말이 믿을 만한지를 판단할 수 있다면 구매자에게 이는 매우 유용한 도구가 될 것이다. 또 알리바바가 이미 마오이퉁이라는 메신저를 성공적으로 선보였기 때문에 풍부한 경험이나 기술적인 부분에서 타오바오가 걱정할 것은 거의 없었다.

쑨퉁위의 말에 따르면 2004년 6월 왕왕메신저가 선보인 이후 타오바오에 대한 선호도가 급격히 증가했다고 한다. 어떤 회원들은 왕왕메신저가 나와서 자신의 컴퓨터에 메신저를 또 하나 설치하는 게 불편하다고 했지만 실제로 왕왕메신저 사용자수는 착실한 증가세를 보였고 동시에 타오바오 회원수도 늘어났다. 또 왕왕메신저에는 지난 채팅기록, 대화기록, 화상기록 등이 저장되어 분쟁이 일어났을 때 증거로 사용할 수 있기 때문에 회원들이 왕왕메신저를 사용하는 중요한 이유가 되기도 했다.

베이징 충원먼崇文門에 있는 유명한 상가인 써우슈샹청搜秀商城에는 옷이나 보석, 장식품, 완구, 전자오락기 등을 취급하는 상점들이 즐비하게 들어서 있는데, 이곳에 가면 어떤 상점에서건 컴퓨터에서 울리는 타오바오 왕왕메신저의 대화창 소리를 들을 수 있다는 점이 매우 흥미롭다.

상점주인들은 메신저를 통해 열심히 흥정하는데, 이들은 실제 점포를 가지고 있으면서 온라인판매도 병행한다. 점주들은 왕왕메신저를 쓰면 비용도 들지 않고 언제든 컴퓨터 앞에 앉아 자판을 두들기는 것만으로도 구매자들과 상담할 수 있기 때문에 편하다고들 말한다. 또 다른 상점들도 대부분 이와 비슷한 상황으로 옷과 가방

Part 5 모든 것은 커뮤니케이션에서 시작된다

타오바오 왕왕메신저의 기본 기능

• 거래알림 기능
로그인만 하면 게시판의 글이나 평가, 거래 현황과 불만사항을 볼 수 있다.

• 커뮤니케이션 기능
1. 문자채팅 : 타오바오 회원명을 클릭하면 실시간으로 대화할 수 있다.
2. 무료 음성채팅
3. 무료 화상채팅 : 웹캠으로 사고자 하는 물품을 직접 눈으로 확인할 수 있다.
4. 부재시 메시지 알림 : 오프라인일 때 받은 메시지들을 로그인하는 순간 모두 알려주는 기능. 거래당사자들의 궁금증을 최대한 신속히 해결할 수 있다.

• 신속알림 기능
왕왕메신저만의 독특한 이 기능은 타오바오 사이트의 '마이 페이지'와 연계되어 로그인하고 여러 차례 클릭할 필요 없이 발송한 상품이나 검색한 상품, 특가판매나 여러 가지 행사들, 즈푸바오의 계좌상황과 과거 거래현황을 알려주며 700만 회원을 보유한 아시아 최고의 온라인거래 동호회에서 취미가 같은 회원을 검색해주는 기능이 있다.

• 다자간 채팅
두 사람 이상 대화할 경우 비즈니스 채팅방을 개설하여 참여할 수 있는데 메신저상의 '다자간 비즈니스상담개시'라는 기능을 사용하면 된다. 아이디를 더블클릭하면 '1대 1채팅' 창이 열려 채팅모드 전환이 쉽고 이모티콘도 사용할 수 있다.

• 타오바오 회원 명함
타오바오 회원 명함에서는 회원의 신상명세, 신용지수, 게시판에 올린 글, 팔고 있는 상품 등 여러 정보를 한눈에 볼 수 있어 신뢰감을 준다.

• 다양한 이모티콘
왕왕과 마오이퉁 메신저의 가장 큰 차이점으로 마오이퉁은 기업 간 통신도구이기 때문에 인터페이스가 매우 간단하지만 왕왕메신저의 경우 볼거리가 가득하고 중국적 특색을 살린 다양한 이모티콘을 제공한다.

을 판매하는 곳뿐 아니라 디지털전자제품이나 화장품을 파는 상점에서도 실제 점포 외에 타오바오에서 온라인판매를 병행한다고 한다. 상점주인들의 말을 들어보자.

"왕왕메신저 덕택에 온라인과 오프라인에서 동시에 장사를 할 수 있다. 온라인판매량이 훨씬 많을 때도 있다. 고객들의 방문시간도 각기 다른데 점포는 저녁 8시 이후에는 문을 닫지만 온라인상에서는 이때부터가 사람들이 저녁을 먹고 슬슬 웹사이트에 들어올 시간이기 때문에 수많은 사람들이 이것저것 상담해오곤 한다. 새벽 두세 시까지도 사람들이 들어오기도 해 새벽까지 항상 왕왕메신저를 켜놓는다."

"사실 인터넷에는 비슷한 상품도 많고 가격도 거의 차이가 없다. 하지만 어떤 고객이 상담해왔는데 내가 즉각적으로 답해주면 거래에 성공할 확률이 높다. 그리고 지속적으로 친분을 쌓다보면 나중에라도 종종 인사하게 되고 친구가 된다. 내가 그들의 취향을 파악하게 되면 신상품이 들어올 때 알려주는데 이렇게 해서 단골고객을 확보할 수 있다. 또 그 고객이 주변에 온라인쇼핑을 즐겨하는 친구들에게 나를 소개해주면 내 고객이 점점 많아지는 것이다. 이 때문에 나는 왕왕메신저를 통해 나와 교류하는 고객 한 사람마다 각각 100명의 잠재고객이 있을 것이라고 생각한다. 아침에 눈을 뜨자마자 왕왕메신저를 켜고, 저녁에 자기 전 가장 마지막까지 확인하는 것도 왕왕메신저이다."

그들에게 왕왕메신저를 통한 거래의 성공률이 얼마나 높은지 묻자 타오바오의 광고 문구와 비슷한 대답을 했다.

"왕왕메신저를 통해 95%의 고객들을 만나게 되며 만족도는 80%가 넘는다."

고객들이 어떤 상품을 사기로 결정할 때는 수많은 질문을 쏟아낸다고 한다. 색깔이나 품질은 어떤지, 크기는 적당한지, 어디서 생산한 건지 등 사실 상품설명에 이미 자세히 소개해놓았는데도 사는 사람으로서는 판매자의 말을 직접 들어야 마음이 놓이는 법이다. 사람마다 각기 취향이 다르고 알고자 하는 정보가 다르기 때문에 클릭 한 번만으로 판매자와 직접 대화하면서 의문사항을 해결하는 것은 게시판에 글을 남기는 것보다 훨씬 효율적이다. 그러나 이런 편한 점이 있는 반면 많은 고객이 한꺼번에 몰려들면 곤란한 점이 있는 것도 사실이다. 대다수 고객들은 질문을 무척 자세히 하기 때문에 고객이 많으면 일일이 대답해줄 시간 여유가 없기 때문이다. 그리고 말로 몇 마디 하면 충분할 텐데 메신저에서 컴퓨터 자판으로 설명하는 것은 분명 불편할 수 있다.

한편 혹자는 왕왕메신저의 즉흥적인 성격을 지적하면서 타오바오가 진정한 비즈니스의 장이 되기는커녕 노점상으로 전락할 위험이 있다고 말한다. 하지만 쑨퉁위는 이러한 의견에 대해 "타오바오는 장사하면서 친구를 사귀는 곳이다. 어떤 사람은 여기에서 결혼상대자를 만나기도 했다. 중국인은 장사할 때 이익도 중시하지만 느낌도 매우 중요시한다"라며 반박했다. 즉 타오바오가 왕왕메신저로 회원들끼리 상담뿐 아니라 친분을 쌓는 장소가 된다면 더 기쁘다는 것이다. 여기서 우리는 커뮤니티를 중시하고 나눔과 커뮤니케이션을 강조했던 이베이의 성공비결을 떠올릴 수 있다.

스카이프를 인수한 이베이의 반격

2005년 9월, 인터넷업계의 어마어마한 인수합병 건이 다시금 전 세계를 놀라게 했다. 이베이가 빠르게 성장하던 인터넷무료통화서비스업체인 스카이프Skype를 인수하겠다고 발표한 것이다. 이베이는 13억 달러의 현금을 지불하고 13억 달러의 지분을 따로 사들여 인수하기로 결정했다. 게다가 2008년과 2009년 이전에 목표수익을 달성하면 15억 달러를 보너스로 지불하기로 계약했다. 계산대로 하면 이베이는 총 41억 달러를 들여 인수하는 셈이 되는데 바로 이 어마어마한 금액 때문에 업계가 크게 술렁인 것이다.

스카이프는 2003년에 탄생하여 업계에서 가장 빠르게 성장한 메신저이다. 2003년 8월부터 이베이에 인수된 2005년 9월까지 스카이프 메신저의 다운로드수는 1억 6,300만 회에 달했으며 이 기간에 등록한 회원은 5,400만 명이었다. 음성통화 서비스뿐 아니라 이메일, 메신저, 화상회의 등의 서비스를 제공한 스카이프는 상당한 기능을 갖춘 메신저였다.

하지만 현실적으로 실질적인 수익은 PC에서 일반전화로 전화하는 서비스를 이용하는 200만 명의 고객에게서 나왔으며 인수합병 건이 발표되었을 때 스카이프의 연수익은 6,000만 달러 수준이었다. 바로 이러한 수치와 이베이가 제시한 41억 달러라는 금액이 차이가 너무 많이 났기 때문에 전 세계 언론과 전문가들은 심각한 의문을 제기한 것이다.

그러나 스카이프로서는 나쁠 게 없었다. 자금을 확보해 앞으로의 성장전략을 명확히 할 수 있기 때문이다. 그러나 몇몇 전문가들은 합병의 의미가 불분명하다고 지적했다. 인터넷음성통화는 메신저의 자연스러운 파생상품일 뿐이며 만약 구글이 스카이프를 인수했다면 이해가 가지만 이베이의 스카이프 인수는 어떠한 이점도 찾을 수 없다는 것이었다. 이에 대해 이 합병을 계획하고 성사시킨 이베이의 CEO 휘트먼은 이베이가 스카이프와 온라인 지불시스템을 통합하면 거래 당사자끼리 커뮤니케이션을 좀더 원활하게 할 수 있게 되어 거래가 늘어날 것이라며 반박했다.

휘트먼은 다음과 같이 강조했다.

"이베이의 스카이프 인수에는 이점이 매우 많다. 첫째, 스카이프는 매우 빠르게 성장하고 있기 때문에 이베이의 새로운 성장 동력이 될 수 있다. 현재 스카이프는 전 세계 225개 국가와 지역에 5,400만 명의 회원을 가지고 있으며 매일 15만 명이 새롭게 가입하고 있다. 2004년 스카이프는 700만 달러를 벌어들였으나 2005

년에는 6,000만 달러, 2006년에는 2억 달러를 예상한다. 이베이, 페이팔과 스카이프가 결합하면 시너지효과를 내어 유료회원을 좀더 많이 확보할 것이다. 스카이프는 앞으로도 무료서비스를 하겠지만 이베이와 페이팔과 합친 후에는 새로운 유료서비스를 선보일 수도 있다. 그리고 스카이프의 국제적인 인지도는 이베이가 해외시장을 개척하는 데 도움이 될 것이다."

그녀는 또한 이베이가 스카이프의 화상과 음성통화기능을 이용해 돈을 더 많이 벌기를 원한다고 밝혔는데, 예를 들면 부동산을 거래할 경우 전화기능을 이용해 잠재적인 고객을 발굴할 수 있다는 것이다. 자동차나 여행, 부동산 같은 상품은 이베이에 어울리지는 않는 것들이지만 휘트먼이 매우 관심을 갖는 분야였기 때문이다.

휘트먼의 이런 설명에 대해 월가의 몇몇 애널리스트들은 이베이가 스카이프의 서비스를 통해 구매자와 판매자의 커뮤니케이션을 좀더 활발히 할 수 있다는 점에서는 이번 합병이 전략적으로 중요한 의미가 있다고 평가했다. 하지만 중국의 언론들은 이를 다른 각도에서 받아들였다. 어떤 이는 이베이가 이 시점에서 이런 엄청난 금액을 들여가며 메신저서비스회사를 인수한 것이 '타오바오와 왕왕메신저'의 결합모델의 영향을 받은 것은 아닌지 의문을 제기하기도 했다.

휘트먼의 설명처럼 분명 이베이는 스카이프를 인수한 후에 메신저를 C2C거래 플랫폼에 포함시켜 'C2C+페이팔안전결제시스템+스카이프커뮤니케이션 서비스'의 결합모델을 선보이려 하는 것인데, 이것은 중국에 있는 이베이의 작은 경쟁사인 타오바오가 구축한

Part 5 모든 것은 커뮤니케이션에서 시작된다

'C2C＋즈푸바오안전결제시스템＋왕왕메신저커뮤니케이션 서비스' 모델과 완전히 똑같은 것이다.

타오바오는 2003년에 이미 실질적으로 이러한 결합모델의 원형을 선보였다. 안전결제시스템에서는 이베이가 앞섰지만 중국시장에 늦게 도입했고, 커뮤니케이션 서비스는 타오바오가 먼저 선보였는데, 타오바오의 경우 매우 적은 비용을 들여 자체적으로 자사플랫폼과 잘 어울리는 메신저서비스를 제공한 반면 이베이는 시간이 한참 지난 후 41억 달러라는 엄청난 돈을 들여 한참 잘나가던 스카이프 메신저를 사들였다. 41억 달러를 들여 6,000만 달러의 수익을 내는 회사를 사들인 것은 이베이가 정신이 나갔다고 해석하기보다는 야심이 매우 컸다고 봐야 할 것이다.

전문가들은 이베이가 스카이프를 인수한 후의 비즈니스모델을 이론적으로 다음과 같이 예상했다.

1. 이베이의 C2C, 페이팔, 스카이프 서비스는 각각 독립적으로 운영될 것이며 이 세 가지 서비스가 서로 시너지효과를 내면서 전략적으로 어울릴 것이다.
2. 스카이프는 이베이의 핵심사업인 C2C전자상거래에 중요한 버팀목이 될 것이다.
3. 회원공유를 통해 네트워크를 늘려나갈 것이다. 1억 5,000만 명에 달하는 이베이 회원들은 스카이프를 통해 교류할 것이며 5,400만 명의 스카이프 회원들과 180만 명의 유료회원들도 좀더 쉽게 C2C 거래에 참여하며 자연스레 이베이

의 회원이 될 것이다.
4. 스카이프에 페이팔을 도입한다. 페이팔은 가장 유명한 안전결제시스템으로 빠르고 편리한 결제서비스를 제공하기 때문에 스카이프의 결제도 좀더 간편해지고 또한 이를 통해 소비를 더 많이 유도하여 스카이프의 수익을 높일 수 있다.

나무가 크면 바람도 세다

이베이가 자신의 사이트에 단지 파란색 스카이프 링크를 추가하기 위해 이렇게 어마어마한 금액을 들여 스카이프를 사들인 것이라면 16억 달러를 들여 페이팔을 인수한 것과 비교해볼 때 전문가들이 왜 그렇게 의문을 제기했는지 쉽게 이해할 수 있을 것이다. 페이팔 인수에는 돈도 더 적게 들었지만 이베이와 잘 매칭되어 시너지효과를 훨씬 잘 내주었기 때문이다. 하지만 스카이프 인수는 이베이가 음성통신시장에 던진 출사표 같은 것으로 리스크는 크지만 장기적인 도박이라고 볼 수 있다.

지금까지도 스카이프는 인터넷음성통신시장에서 유일하게 자신만의 브랜드를 갖고 있는 회사로, 심지어 그 브랜드가치는 애플이나 구글과 맞먹는다고도 평가된다. 인터넷음성통신은 모든 메신저가 추구하는 방향이기 때문에 대형 포털사이트나 통신회사에서도 이쪽으로 눈길을 돌리고 있다.

구글은 음성통신메신저인 구글토크Google talk를 내놓았고, 야후는 최초의 인터넷전화서비스업체인 다이얼패드Dailpad를, 마이크로소프트는 텔레오Teleo를 인수했다. 이러한 상황에서 전격적으로 이루어진 이베이의 스카이프 인수는 단순히 C2C 거래를 좀더 편리하게 하기 위한 것도 있지만 그보다는 전략적인 의미를 갖는 행보라고 봐야 할 것이다.

물론 이 새로운 시장도 큰 리스크를 내포하고 있었다. 2005년에는 이베이의 자체적인 사업이 지지부진했는데 이렇게 어마어마한 금액을 인터넷전화시장에 쏟아 부었다는 것은 앞으로 이베이가 전자상거래시장뿐 아니라 불확실한 인터넷통신시장의 리스크까지 한꺼번에 지게 되었다는 것을 의미한다. VoIPVoice over Internet Protocol, 음성패킷망, 인터넷을 통해 통화할 수 있는 통신기술서비스도 좀더 개선되어야 하고 감독기관도 인터넷전화의 성격을 어떻게 규정해야 할지 고려 중이었다.

스카이프가 물론 가장 인기 있는 소프트웨어이기는 했지만 업계표준은 아니었기 때문에 가장 큰 업체를 인수했다고 해서 업계를 지배할 수 있느냐는 여전히 의문으로 남는다. 스카이프가 저가의 음성통화서비스를 제공하고 있다는 것은 분명 이점이지만 어떻게 하면 이 서비스를 발전시켜 지속적인 수익을 창출할 수 있는가는 이베이도 지켜봐야 할 문제였다.

많은 애널리스트들은 스카이프의 수익이 10억 달러를 넘어서고 그중 25% 정도의 유동성 현금을 확보할 수 있을 때만 이베이가 지불한 금액이 가치가 있으며 월스트리트의 의구심을 틀어막을 수 있다고 판단했다. 현재까지는 긍정적인 견해와 부정적인 견해가 반반이다. 비관적으로 보는 사람들은 스카이프가 치열한 경쟁에 직면했으며 이베이는 너무 좋은 면만 본다는 비판을 내놓았는데, AOL이 타임워너를 인수한 것처럼 업무 영역 면에서 볼 때 이번 합병은 아무런 효과도 내지 못하고 의미도 없는 전형적인 사례라고 지적했다.

새로운 전장을 개척하다

 2005년 9월은 중국 C2C시장에서 다사다난했던 한 달이었다. 중국의 메신저시장에서 굳건히 선두를 달리던 텅쉰騰訊이 9월 12일 C2C 사이트인 파이파이왕拍拍網을 선보인 것이다. 메신저와 C2C의 결합이라는 모델이 태평양을 사이에 두고 텅쉰과 이베이 두 회사에 의해 시험대에 오른 것이다.
 물론 이 두 회사는 규모도 확연히 다르고 출발점도 달랐는데 텅쉰은 C2C 영역으로 진출해 QQ 메신저의 시장점유율을 높이고 포괄적인 서비스를 제공하는 발판으로 삼으려 한 반면, 이베이는 메신저를 통해 회원들이 좀더 편리하고 효율적으로 거래할 수 있도록 하는 것이 목적이었다. 한편 스카이프도 이베이와 결합해 회원을 더 늘려 수익을 높이려는 계산이 깔려 있었다.
 타오바오는 이베이의 스카이프 인수에 대해 매우 보수적이고도 애매한 태도를 보였으나 한편으로는 분명 득의양양했을 것이다. 이베이의 합병은 적어도 타오바오가 2년 전에 메신저를 결합하여 선보인 서비스가 성공적이었으며 미래지향적인 선택이었다는 것을 방증하기 때문이었다. 그리고 한편으로 이번 합병이 이베이에게 결과적으로 좋은 선택인지 여부와 앞으로 수익모델에 어떤 영향을 미칠지 전부 불투명했기 때문에 쉽사리 결론을 내릴 수 없다는 신중한 견해를 표명했다.

하지만 이들은 휘트먼의 설명에서 이베이가 C2C시장이 점점 포화상태에 접어들면서 유럽과 미주 지역에서 선두자리를 굳힌 이후에는 더 폭발적인 성장을 기대할 수 없기 때문에 이번 합병을 통해 새로운 성장동력으로 삼으려 한다는 것을 감지할 수 있었다. 데이터를 보면 스카이프와 이베이에 동시에 가입한 회원은 1% 수준으로 두 회사 모두에게 서로 회원을 흡수할 여지는 매우 컸다. 플랫폼 확장은 이베이가 얻게 되는 최대 이점으로 이베이가 엄청난 비용을 들여 스카이프를 인수했다는 것 자체가 플랫폼 모델을 얼마나 중시했는지를 보여준다.

인터넷이 나날이 발전해가는 요즘, 메신저는 중요한 커뮤니케이션 수단으로 자리잡았다. 기존의 전화, 전보, 우편 등 전통통신 수단이나 이메일 같은 새로운 수단과 비교해볼 때도 메신저는 탁월한 이점을 가지고 있다. 음성 및 화상채팅, 온라인 전송, 다자간 채팅 등 안 되는 게 없을 정도이다. 인터넷을 자주 사용하는 네티즌들은 모두 자신만의 메신저를 가지고 있다고 해도 지나친 말이 아니다. 미국의 시장연구기관인 이마케터eMarketer가 발표한 데이터를 보면 2005년 말까지 전 세계 인터넷 사용자수는 10억 명을 돌파했는데 그중 8억 4,500만 명은 인터넷에 자주 접속한다고 한다. 인터넷업계 3대 업체인 구글, 야후, 마이크로소프트는 모두 자신만의 브랜드를 가진 메신저를 갖고 있다. 구글 토크, 야후 메신저, MSN 메신저는 각각 충성도 높은 회원들을 다수 확보하고 있다.

2005년 10월에는 마이크로소프트와 야후가 자신들의 메신저를 서로 연결시킬 것이라고 밝혔고, 2006년 7월부터 본격적으로 데이터를 공유하기 시작했다. 두 회사가 메신저영역에서 협력하기로 밝힌 사항은 채팅과 이모티콘 공유, 새로운 친구 추가 등 텍스트 정보의 공유이다. 마이크로소프트와 야후의 계획에 따르면 몇 개월 안에 음성 및 화상채팅과 무선서비스까지 협력범위를 넓힐 것이다. 이렇게 되면 조만간 회원만 3억 5,000만 명에 달하는 세계 최대의 메신저가 탄생하게 되는 것이다. 이 소식이 있고 나서 중국에서도 왕이網易의 파오파오泡泡 메신저를 포함한 40여 개 메신저업체들도 이에 호응했고 IBM도 2006년 3월에 마이크로소프트와 야후 진영에 합류했다. 그리고 알리바바의 기업 메신저인 마오이퉁과 타오바오의 왕왕메신저도 야후 메신저와 연결될 것이라는 소식이 들려왔다.

2006년 6월에는 중국이동통신이 QQ 메신저와의 협력을 종료하고 자사브랜드의 메신저를 선보이겠다고 발표했다. 이는 메신저에만 기대어 성장해온 QQ에게는 청천벽력 같은 소식이었다. 그동안 회원수에만 의존하던 텅쉰의 QQ 메신저는 2006년 말부터 회원들이 대량 탈퇴할 위험에 직면하게 된 것이다. 2006년 1/4분기에 시장점유율이 78.8%에서 69.28%로 떨어진 것은 단지 시작에 불과할 뿐이었다. 새로운 성장동력을 찾고 있던 QQ와 MSN, 게다가 야후 메신저와 마오이퉁 메신저, 타오바오 왕왕을 서로 합친 알리바바 산하의 메신저, 또한 중국에 이미 상당한 회원을 보유한 스카이프가 이베이이취와 결합하여 더욱 많은 회원을 끌어모으려 하는 Web 2.0개방형 서비스 구조를 기반으로 사용자의 참여를 통해 핵심가치를 창출하는 인터넷서비스-옮긴이 시대의 메신저 전쟁에는 이미 전운이 감돌고 있었다. 2007년 1월, 알리바바는 타오바오 왕왕의 명칭을 알리왕왕으로 바꿨는데 이는 알리바바가 이미 모든 채비를 갖추고 메신저 전쟁에 본격적으로 뛰어들려 한다는 암시를 주었다.

PART 6

타오바오 불패신화의 원동력

"90%가 찬성하는 방안이 있다면
나는 반드시 그것을 쓰레기통에 갖다 버린다.
많은 사람들이 좋다는 계획이라면
분명 많은 사람들이 시도했을 것이고
그 기회는 우리 것이 아니기 때문이다."

위대한
비즈니스모델

　　타오바오의 비즈니스모델에 대해선 정확하게 '이것이다'라고 할 수 있는 공식적인 답은 없다. 하지만 비즈니스모델이 무엇인지 잘 모르는 일반 사용자라도 타오바오의 비즈니스모델이 무엇일까 라는 질문을 던지면 분명 '무료'라고 대답할 것이다.

　　그렇다. 타오바오는 개점비용, 상품등록비, 거래수수료, 즈푸바오 사용수수료… 이 모든 것이 무료라는 점이 네티즌에게 강하게 어필했기 때문에 판매자나 구매자들이 결정적으로 타오바오를 선택하게 된 것이며 또한 이 부분이 타오바오가 경쟁사와 크게 차별화되는 점이다.

　　대다수 사람들은 타오바오가 이베이와 경쟁하기 위해 들고 나온 가장 중요한 무기로 무료정책을 꼽는다. 하지만 마윈과 쑨퉁위 그리고 타오바오와 알리바바의 모든 임직원은 이 점을 부인한다.

특히 마윈은 "물론 무료정책이 없으면 안 되겠지만 무료가 절대로 만능은 아니다"라고 수차례나 강조했다.

그렇다면 타오바오가 승리를 위해 꺼내든 '대규모살상무기'는 과연 무엇이었을까? 이에 대해 마윈은 주저없이 '타오바오의 문화'가 바로 승리의 결정적 요인이라고 강조했다. 즉 즈푸바오와 타오바오 왕왕메신저 그리고 독특한 커뮤니티 문화라는 것이다.

타오바오는 어떻게 해서 이베이가 이미 페이팔을 가지고 있었음에도 이베이이취보다 먼저 구매자들의 시선을 사로잡을 수 있었을까? 또 타오바오는 누구보다 먼저 온라인거래에서 커뮤니케이션의 중요성을 깨닫고 왕왕메신저를 선보였고, 이베이는 2년이 지난 후에야 거액을 들여 스카이프를 인수했는데 어떻게 이렇게 할 수 있었을까? 앞에서 우리는 이베이가 스카이프를 인수한 후에 펼치게 될 야심만만한 전략들에 대해 추측해보았다. 하지만 아직까지는 단지 이베이 홈페이지에 올라 있는 스카이프의 링크만을 볼 수 있을 뿐이다.

'적이 움직이지 않으면 나도 안 움직이고 적이 움직이려 하면 나는 그보다 먼저 움직인다敵不動我不動 敵若動我先動'라는 격언은 사실 말이 쉽지 실천하기는 여간 어려운 일이 아니다. 그러나 마윈은 승부를 가르는 중요한 고비마다 매번 경쟁상대보다 먼저 기선을 제압했다. 마윈식으로 말하면 이는 단지 "욕심이 없으면 배짱이 세진다無欲則剛"라는 이유 때문이라 한다. 타오바오는 돈을 받지 않았고 얼마간은 유료화 문제를 고려하지 않아도 되었기 때문에 여러 가지 과감한 시도를 먼저 할 수 있었다. 비록 이베이가 '무료화'

는 비즈니스모델이 아니라고 불만 섞인 목소리로 말했지만 비즈니스모델이 경영방식에도 영향을 미친다는 것은 분명한 사실이다.

2005년 10월 19일, 타오바오는 앞으로 3년간 더 무료화를 실시하겠다고 발표했다. 이는 벌써 세 번째 무료화 선언이었다. 첫 번째는 2003년 7월에 알리바바가 C2C 영역으로 진출하겠다며 타오바오의 설립을 발표한 기자간담회에서 선언했는데 이때 향후 1년간 어떠한 비용도 받지 않겠다고 밝혔다. 두 번째는 2004년 7월 처음 약속한 1년이 다 되자 1년 더 무료로 하겠다고 선포하면서 동시에 경쟁사인 이베이이취에게 '함께 무료화에 동참하자'고 정중하게 요구했다. 그리고 1년 후인 2005년에는 아예 3년간 더 무료로 하겠다고 밝힌 것이다. 마윈의 어조는 매우 단호했다.

"2008년 이전에는 무료라고 했으니 무조건 무료다. 그 후에 유료로 전환할지 안 할지 그리고 돈을 받게 되면 어떤 방식으로 할지는 미정이다."

한편 2006년에 〈중국상업평론中國商業評論〉이라는 잡지에서는 2005~2006년 뛰어난 비즈니스모델을 지닌 회사를 선정해서 발표했는데 여기에는 타오바오, 다롄완다大連萬達, 롄샹그룹, 중싱웨이中星微, 바이두百度, 융러永樂전기 등 유명기업이 포함되었다. 여기에 소개된 타오바오에 대한 설명은 다음과 같다.

Part 6 타오바오 불패신화의 원동력

회사명칭 타오바오닷컴

회사개요 **등록상품수** 총 2,600만여 건

상품총거래액(2005년 기준) 10억 달러

일평균거래액 500만 달러 수준

등록회원 1,900여만 명

비즈니스모델 개요

무료화를 통해 회원들의 적극적인 참여를 유도하고 회원들의 비용부담을 최대한 줄였다. C2C 전자상거래 사이트인 타오바오는 경쟁사와 차별화하기 위해 무료정책을 실시하여 창업이나 성공을 꿈꾸는 수많은 사람들에게 무료로 기회를 제공한다. 무료화로 먼저 회원수를 늘리고 적극적인 참여를 유도하며 신뢰를 쌓은 후 향후 수익모델을 구상한다는 전략을 갖고 있다.

이렇듯 〈중국상업평론〉에서 타오바오가 최고의 비즈니스모델로 선정되며 높이 평가받은 반면, 경쟁사로부터는 '무료는 비즈니스모델이 아니다' 라는 비판을 받았다. 이러한 엇갈린 상황을 보노라면 이번 경쟁은 단순한 비즈니스모델의 경쟁이 아니라 좀더 본질적으로 중국의 전자상거래시장에 대해 누가 얼마나 이해하고 있느냐 하는 문제가 아닐까 싶다.

빛의 속도로 수익을 올리는 완벽한 모델

여기서 먼저 《완벽한 상점 The Perfect Store》이라는 책에 소개된 이베이의 비즈니스모델에 대해 살펴보자. 이베이의 수익모델을 개념적으로 정리하면 매우 간단하다.

순수입 – 순수입의 비용 – 영업비용 = 영업수익

'순수입 비용'이란 사이트를 운영하는 데 필요한 여러 설비들이며 '영업비용'이란 마케팅, 상품개발, 기본관리 비용으로 이 두 부분에서의 지출은 다른 일반 기업들과 비슷하다. 그리고 '순수입'이란 판매자에게서 받는 비용으로 구매자에게는 어떠한 수수료도 받지 않는다.

이베이가 판매자에게서 받는 수수료는 등록비와 거래수수료 두 부분으로 구성된다. 등록비는 판매자가 사이트에 상품을 한 건 등록할 때마다 내는 비용이다. 비용은 판매자가 정한 상품의 최저가격이나 잠정가격에 따라 정해진다. 경매가 성사되지 않았다고 해도 이 등록비는 환불되지 않지만 판매자가 이 상품을 다른 카테고리에 다시 올릴 때는 등록비를 또 내지 않아도 된다. 그리고 최저가격으로 경매상품을 올린 경우 판매자들은 따로 또 돈을 내야 하는데 최저가격이 25달러 미만일 경우엔 5센트, 25달러를 넘을 경우엔 1달러를 내야 하며 이 돈은 상품이 팔리면 판매자에게 돌려준다.

거래수수료는 상품 경매가 성사되면 거래가격에 따라 내는 비용이다. 이 비용은 가격대별로 최대 5% 미만에서 각각 결정된다. 이베이는 부동산과 자동차 거래에 대해서는 고정등록비와 거래수수료를 받는데 부동산의 경우 건당 50달러, 자동차는 25달러씩 내야 한다. 그리고 거래가 성사되면 25달러를 수수료로 부과한다. 또 판매자가 고객의 주목을 끌기를 원할 경우 여러 마케팅 수단을 선택할 수 있는데 예를 들어 팝업 광고나 상품링크에 '인기상품 HOT'이나 '신상품NEW'이라는 문구를 달려면 비용만 추가로 지불하면 된다. 이러한 비용들은 얼핏 보기엔 적은 액수이지만 전체 상품의 거래량이나 등록된 상품수가 어느 정도 규모를 갖게 되면 엄청난 수익이 된다.

이베이는 1997년 설립 당시부터 이러한 수익모델로 출발하여 꾸준하게 돈을 벌었다. 1999년까지 2년간 이베이는 최소 1,080만 달러를 벌었는데 당시 직원수는 300명 수준이었다. 물론 지금 이베이가 벌어들이는 천문학적 수익에 비하면 1,080만 달러라는 액수는 별것 아닌 것처럼 느껴지지만 그 당시 인터넷기업이 대부분 적자에 시달렸다는 사실을 기억할 필요가 있다.

이베이의 경쟁사였던 아마존닷컴의 경우, 그해의 재무제표를 보면 정말 한심한 수준이었다. 무려 50억 달러에 달하는 적자에 흑자전환의 기미조차 보이지 않았기 때문이다. 1999년은 모든 사람이 인터넷에 무한한 환상을 가지고 있던 한해였지만 인터넷거품이 꺼지면서 모든 인터넷기업들이 의심의 눈초리를 받으며 생존을 위해 발버둥치던 해이기도 했다. 이런 측면에서 보면 이베이가 벌어들인 1,080만 달러라는 수익이 얼마나 값진 것인지 알 수 있을 것이다.

이 때문에 당시 미국 업계에서는 이베이의 비즈니스모델에 대해 다음과 같이 높이 평가했다.

"우리는 이베이의 잠재력을 보고 매우 놀랐다. 이베이는 아마존닷컴모델의 신축성과 야후모델의 수익성을 겸비했는데 이러한 수익모델은 기존의 인터넷기업에서는 전혀 보지 못한 것이다."

또 이베이 회원들의 충성도나 이베이가 개최하는 각종 행사에 참가하는 인원수 그리고 이베이의 높은 인지도를 보면 정말 놀라지 않을 수 없는데, 이베이가 이렇게 높은 가치를 창출할 수 있었던 이유는 바로 뛰어난 비즈니스모델 덕택이었다.

월가의 투자자들과 애널리스트들도 이베이의 수익모델이 간단하면서도 높은 성장성을 갖고 있으며 급변하는 경쟁환경에서도 효과적으로 대처할 수 있다고 매우 높이 평가했다. 이베이는 단지 회원들에게 거래 장소만 제공했을 뿐 거래과정에서 책임을 진다거나 대리점 역할을 한 것이 아니라 그저 거래과정을 관리만 해줄 뿐이었다.

"이베이가 유일하게 책임지는 부분은 거래과정을 완전하게 보장함으로써 거래가 효율적으로 이루어지도록 하는 것이다. 물론 판매자들에게 주문서를 발송하기도 한다."

이베이는 최초의 온라인경매회사는 아니지만 처음으로 크게 성공한 회사이다. 미국의 작가 데이비드 버넬은 자신의 저서 《이베이의 거대한 실험 The e-bay phenomenon》에서 다음과 같이 분석했다.

"초창기 인터넷업계에서는 다음과 같은 격언이 유행했다. 가장 먼저 주요 구매자와 판매자를 확보하고 대량의 데이터를 처리할 수 있는 장비를 갖춘 사이트만이 살아남을 가능성이 있다. 이런 관점에서 보면 더 많은 상품을 제공하는 사이트가 다수의 구매자를 끌어들일 수 있고 마찬가지로 구매자를 최대한 확보한 사이트만이 그만큼 판매자를 끌어들일 수 있다. 즉 더 많은 구매자는 더 많은 판매자를 끌어들이고, 그 반대도 마찬가지라는 인터넷 효과를 가져올 수 있다."

이 때문에 이베이는 해외 주요시장에서 마치 침략군처럼 행동했는데 첫 번째 행동목표는 바로 적보다 먼저 신속하게 온라인경매시장의 영토와 요새를 점령하는 일이었다. 이 전략에 따르면 일단 요새를 점령하고 단단히 구축하면 이미 확보한 시장에 투입해야 할 비용과 자원을 최대한 절약할 수 있어 수익도 그만큼 높아진다. 이 전략을 갖고 움직였던 이베이는 가는 곳마다 승리했고 아시아로 그리고 중국으로 진출하게 되었다.

휘트먼은 처음 중국에 오자마자 상하이에서 '이취易趣' 설립자인 사오이보를 만났는데 돌아오는 차 안에서 비서에게 반드시 이취를 사들여야겠다고 말했다. 중국 C2C시장에 대한 그녀의 판단이 좀 미진한 감은 있었지만 어쨌든 그녀는 이 시장에 진출하기로 결심했다. 이미 시장에 진출해 있는 기업을 사들여 고지를 선점하자는 것이 그녀의 속셈이었다. 더구나 이취라는 기업의 비즈니스 모델은 이베이의 것을 그대로 베꼈기 때문에 휘트먼은 거대한 중국시장에서 내딛는 첫걸음이 매우 그럴듯하다고 생각했음이 분명하다.

그러나 마윈은 휘트먼과 생각이 달랐다. 그도 물론 전자상거래시장이 '판매자가 많을수록 구매자를 많이 끌어들이고 구매자가 많을수록 판매자를 더 많이 끌어들이는' 곳으로 강한 자만이 살아남을 수 있다고 믿었지만 이베이만큼은 중국에서 이렇게 성장하지 못할 것이라고 판단했다.

마윈과 휘트먼은 중국시장이 미성숙했다는 사실에는 동의했지만 대응방식은 판이하게 달랐다. 휘트먼은 중국시장에서도 미국의 방식을 그대로 적용하려 했던 반면, 마윈은 이러한 이베이의 미국적 방식이 중국시장에는 절대 맞지 않는다고 지적하며 이베이의 비즈니스모델을 본질적으로 뒤집어 거꾸로 적용하려 했다. 이렇게 하여 이베이 군단은 본격적으로 마윈이 이끄는 타오바오 군단과 맞붙게 되었다.

알리바바의 출발점

'무료'라는 개념은 분명 미국에서 먼저 생겨났다. 하지만 실제 인터넷업계를 살펴보면 중국에서 훨씬 더 널리 퍼진 듯하다. 무료이메일, 무료포털, 무료커뮤니티, 무료게임 등 무료가 보편화된 탓에 전자상거래도 처음엔 무료로 갈 수밖에 없다고 마윈은 판단했다.

중소기업의 전자상거래 플랫폼을 제공하는 알리바바도 처음엔 완전히 무료로 시작했다. 물론 최소한 3년간이라는 단서가 붙었지만 말이다. 현재 알리바바는 완전 무료는 아니지만 여전히 등록비와 거래수수료는 받지 않는다. 알리바바는 마윈의 뜻에 따라 "무료서비스는 계속 무료로 하고 부가서비스의 질을 높여 영업수익을 창출한다"는 방침을 주요 전략으로 삼고 있다.

알리바바의 첫 번째 유료서비스는 현재의 간판서비스인 '중국공급업체'로 2000년에 처음으로 선보였다. 당시 알리바바의 유료 서비스는 이 밖에도 웹페이지 제작과 기업정보화 등이 있었는데 이 서비스들은 표준화하기도 힘들었고 효율도 낮아서 얼마 되지 않아 사라졌다. 그 대신 회원에게 직접 서비스하는 '중국공급업체'는 알리바바의 첫 번째이자 최대의 캐시카우 Cash cow가 되었고 지금까지도 여전히 큰 수익을 안겨주고 있다.

'중국공급업체'의 구체적인 내용을 보면 첫째, 회원들은 여러 수단을 동원해 자신의 상품과 기업을 홍보할 수 있다. 기본서비스는 상품을 평면적으로만 보여주지만 고급서비스에서는 입체적으로 상품을 홍보할 수 있다. 둘째, 좀더 편리하게 각종 전시회에 참가할 수 있다. 알리바바의 직원들은 전시회 참가를 원하는 회원들의 상품을 모아 국제전시회에서 일괄적으로 전시할 수 있게 해준다. 셋째, 회원들에게 해외 바이어들을 상대하는 요령이나 관련 문서 작성법, 기본적인 에티켓 등을 알려준다.

알리바바측은 알리바바야말로 1년 365일 24시간 동안 쉬지 않고 열리는 '수출입상품전시회' 같은 곳이며 웬만한 상품전시회보다 규모가 훨씬 크다고 말한다. 이곳은 국제적인 대규모 시장으로 모든 사람에게 평등한 기회를 제공하며 문은 언제든지 활짝 열려 있다. 이론적으로는 누구든지 컴퓨터와 상품만 있으면 이 시장에서 거래할 수 있다. 하지만 '무료' 개념은 여기까지이다. '중국공급업체' 서비스는 바로 알리바바의 직원들이 상품전시를 도와주고 거래방법을 세세히 알려주며 상품을 좀더 잘 보이는 위치에 배치해주면서 비용은 단지 몇만 위안밖에 받지 않는다는 점을 내

세우고 있다. 기업이 거래하는 규모에 비하면 이는 정말 아무것도 아닌 액수이다. 생각해보자. 당신이 오프라인에서 거래하려면 상품을 보기 위해 여기저기 돌아다니는 비용만 해도 몇만 위안이 훌쩍 넘을 것이다.

알리바바의 두 번째 캐시카우는 바로 '청신퉁'이다. 이는 온라인거래과정의 신용인증문서라고 할 수 있다. 전자상거래의 거래과정은 거래 전, 거래 중, 거래 후 세 부분으로 나뉜다.

'거래 전'에 청신퉁은 모든 회원에게 두 가지 절차를 통해 거래할 상대방의 신뢰성을 인증해준다. 즉 이 회원이 정식 기업법인인지 인증하고 알리바바에 로그인할 때의 비밀번호를 대조함으로써 거래자가 해당 기업법인을 정식으로 대표한다는 것을 확인해주는데 이렇게 함으로써 해당 기업은 마오이퉁 메신저를 통해 이루어진 모든 대화와 행동에 책임을 지게 된다.

'거래 중' 과정에는 원래 청신퉁이 개입하지 않았으나 2003년에 알리바바가 즈푸바오 결제시스템을 선보이면서 거래 중의 자금흐름을 관리하게 되었다.

'거래 후'에는 평가시스템을 도입했다. 매번 거래가 성사될 때마다 당사자들은 거래가 만족스럽다면 서로에게 좋은 평가를 해주면 되고 뭔가 손해를 본 것처럼 찜찜하다면 속으로만 삼킬 필요 없이 상대방이나 상대방의 잠재고객들에게 자신의 불만을 표시하면 된다.

평가시스템의 뛰어난 점이 바로 여기에 있다. 왜냐하면 평가를 좋지 않게 받을 경우 이는 자신에게 지울 수 없는 오점이 되어

평생 따라다니기 때문에 미래의 잠재고객들에게서도 신뢰를 얻을 수 없기 때문이다.

　신뢰문제는 서구 선진국의 은행신용시스템에서도 완전히 해결할 수 없는 부분이다. 협상부터 거래가 끝나기까지 전 과정을 통틀어 돈은 아주 작은 부분밖에 차지하지 않기 때문이다. 청신퉁의 평가시스템에는 상업도덕, 기업윤리, 심지어 거래 당사자들의 인품까지도 반영된다.

　청신퉁은 2002년에 첫선을 보였다. 이때는 마윈이 처음에 약속한 3년간의 무료기간이 끝난 시점이었다. 청신퉁의 이용료는 2,300위안으로 중국공급업체 서비스보다는 훨씬 쌌지만 서비스를 개시한다고 공포하자 중국공급업체 서비스 때보다 몇 배나 강한 저항에 부딪혔다. 마침 당시 중국의 대학수학능력시험에서는 '신뢰'라는 주제로 작문시험이 출제되어 중국인의 관심을 불러일으켰다. 하지만 비즈니스 분야나 인터넷업계에서는 신뢰라는 용어와 이것이 함축하고 있는 의미에 대해 깊게 인식하는 사람은 매우 드물었다.

　아프리카 사람들은 신발을 신지 않는다. 그렇다면 신발을 신는 사람들이 사는 곳에 신발을 싸들고 찾아가서 팔 것인가, 아니면 아예 아프리카 사람들에게 신발을 신으면 몸에도 좋고 문화적인 생활에도 유리하다는 점을 가르칠 것인가?

　이 이야기는 마케팅 분야에서 매우 자주 쓰이는 비유이다. 마윈의 성격으로 미루어보건대 그는 분명 후자를 선택할 것이다. 낙관주의자인 마윈은 '신뢰誠信'라는 이름이 붙은 상품을 신뢰의 중요성을 모르는 시장에 판다는 일 자체가 엄청난 잠재력을 가지고 있다고 생각했기 때문에 여론이 어떻든 일단 밀어붙였다. 청신퉁은 분명 중국공급업체 서비스처럼 눈에 확 띄는 효과도 없을뿐더러 당장 매출이 올라가는 것도 아니었다. 도대체 청신퉁이 뭐가 좋단 말인가? 신뢰는 내 문제일 뿐인데 원하지도 않는 시스템을 만들어서 내 신뢰도를 평가해놓고는 도리어 나에게 돈을 달라니? 이런 이유로 수많은 회원들은 불만을 품을 수밖에 없었다.

2002년 내내 청신퉁에 대한 호응도는 극히 낮았다. 일주일에 겨우 몇 명 정도만 가입하는 수준이었다. 하지만 마윈은 "단 한 명의 회원이라도 가입하면 끝까지 밀어붙이겠다"고 강조했다. 그의 이러한 자신감은 분명 무리는 아니었다.

"왜 청신퉁을 두려워하는가? 다른 사람이 당신의 신뢰를 평가하는 게 두려운가? 당신은 다른 사람과 거래하려는 기업인인데 겨우 2,300위안의 연회비가 아까워서 그렇다는 것인가?"

이것이 마윈의 논조였다. 마윈이 청신퉁 서비스를 내놓은 것은 매우 단순한 이유에서였다. 즉 알리바바라는 거대한 중국상품 전시회에 참가하는 사람들에게 '양민良民'이라고 새겨진 특별통행증을 발급해주려는 것이다.

현재 청신퉁 가입자는 17만 명에 달하지만 1,400만 명이라는 알리바바회원수와 비교하면 조족지혈 수준이다. 불과 1.2%의 회원만이 이 서비스에 돈을 지불하는 것이다. 청신퉁의 목표가 1,400만 전체 회원인 점을 감안하면 혁명은 아직 완성되지 않았다. 하지만 이 목표를 달성했을 때 이 서비스가 캐시카우로서 얼마나 큰 역할을 하게 될지는 쉽게 상상할 수 있다.

'청신퉁'과 '중국공급업체' 서비스는 지금까지 알리바바가 선보인 부가유료서비스이다. 그리고 청신퉁에 가입한 회원은 불과 1.2%로 중국공급업체 서비스 가입자수보다는 훨씬 적지만 이 두 서비스는 현재 알리바바에게 분명한 수익을 안겨주고 있다. 매일 100만 위안의 세금을 내겠다는 목표가 달성된 것이다.

몰라서 모방하지 않는 것이 아니다

타오바오를 만들 때 가장 간단하고 손쉬운 방법은 알리바바에서 성공한 비즈니스모델을 그대로 적용하는 것이었다. 마윈도 전자상거래에는 경계가 없어 B2B와 C2C도 결국 같은 것이라고 생각했기 때문에 이는 매우 좋은 방법일 수 있었다.

알리바바의 '중국공급업체' 서비스는 주로 상품진열순위를 팔면서 점포 관리 노하우와 거래 절차, 기술 등을 알려주는데, 이는 타오바오에서도 똑같이 적용할 수 있는 것들이다. 하지만 타오바오는 이를 가지고 유료화할 뜻은 없는 듯하다. 지금 타오바오 사이트에서 검색어를 입력하고 엔터를 누르면 나타나는 상품들은 세 가지 분류에 따라 순위가 매겨진다. 상품 가격이나 남은 경매시간, 판매자의 신용도 순으로 쭉 순위가 매겨져 나오는데 이런 방식은 매우 공평하여 여기서 어떤 수익을 창출하기란 불가능해보이기도 한다.

그리고 점포관리나 거래절차 등의 기술을 제공하는 부분은 타오바오의 각종 커뮤니티와 게시판에 열성회원들이 관련 글을 많이 올려놓았고 타오바오 고객센터에서도 자체적으로 '타오바오 대학'이라는 코너를 만들어 고객들의 궁금증을 풀어주고 있다.

알리바바의 청신퉁이나 전자상거래의 '거래 전', '거래 중', '거래 후'라는 과정은 타오바오에도 똑같이 있다. 거래 전의 인증 작업, 특히 판매자에 대한 인증은 타오바오에도 있으며 심지어 신분증을 복사하여 일일이 대조할 정도로 엄격하다. 거래 중 자금흐름 문제를 통제하는 즈푸바오는 타오바오에서 먼저 사용되었다. 거래 후의 평가시스템도 타오바오가 훨씬 체계적으로 잘 잡혀 있다. 모든 회원은 거래 전에 상대방의 신용기록을 훑어보고 이전 거래자의 평가는 어떠한지, 믿을 만한 사람인지 꼭 확인한다. 타오바오의 인기 검색어는 창고대정리나 할인행사가 아니라 "신용등급을 높이기 위해 본점에서 ○○○행사를 실시합니다"이다. 판매자들이 자신의 신용점수를 매우 중요하게 인식하고 있다는 점을 볼 수 있다.

타오바오가 이 부분들을 유료화하지 않는 것은 그것을 못해서가 아니다. 마윈도 스스로 유료화를 못해서 안 하는 게 아니고 유료로 하고 싶지 않은 것뿐이라고 밝혔다. 마윈은 먼저 고객을 위해 가치를 창출해야 하며 그러한 이후에나 자신을 위해 가치를 창출해야 한다고 생각했다. 고객에게 가치를 창출해주기 전에 돈을 받는 것은 부도덕한 행위라는 것이다. 더 중요한 것은 일단 무료로 해야 사람들이 자연스레 부담 없이 전자상거래를 익힐 수 있기 때문이다. 마윈이 보기엔 사람들이 타오바오에서 물건을 사거나 점포를 열고 시간이 날 때 자신이 만든 물건이나 안 입는 옷, 안 쓰는 제품을 파는 일들이 모두 전자상거래를 익히는 과정이었다. 또 판매자가 물건을 하나 팔면 분명 이익이 남겠지만 취미로 물건을 파는 경우 일주일에 하나 혹은 한 달에 하나 팔아봤자 남는 것도 별로 없는데 이런데서 수수료를 받을 여지도 없었다.

알리바바그룹의 인사담당자 펑레이도 타오바오가 생길 당시부터 의식적으로 온라인 구매습관을 들였다.

"이런 습관이 들면 나중에는 자연스러워진다. 온라인쇼핑이란 게 중독성이 있어서 매일 둘러보지 않으면 숙제를 하지 않은 것처럼 밤에 잠을 못 잘 정도다. 지금 물건을 샀는데 특별회원으로 등급이 상향되었다."

그녀는 타오바오에서 주로 물건을 사지만 때로는 잘 쓰지 않는 물건이나 중고품을 팔기도 한다.

"판매가격은 그다지 신경 쓰지 않는다. 중고품인 데다 집에 두면 어차피 낭비이기 때문에 적당한 가격을 매겨서 그냥 내놓는 것이다."

그녀가 내놓은 물건은 곧바로 팔렸고 구매자는 우편배송을 원했다. 이 때문에 펑레이는 우체국에 가서 물건이 손상되지 않도록 튼튼하게 포장해서 부쳤다.

"막상 포장에 배송비만 수십 위안이나 들었다. 계산해보니 한 푼도 못 벌고 그냥 물건을 넘긴 셈이 되어버렸다. 게다가 왔다갔다 차비에다 낭비한 시간까지 생각하면 오히려 손해다."

이번에는 그저 취미로 물건을 팔아보고 싶어서 그랬다고 해도 그녀는 이번 경험을 통해 전자상거래에서 물건을 팔기가 얼마나 힘든지 그리고 까딱 잘못하면 손해를 보기 십상이라는 점을 깨달았다고 한다. 이러한 점을 잘 알기 때문에 마윈은 수수료를 받고 싶지 않았다. 고객이 돈을 제대로 벌지도 못하는데 수수료를 받는 것은 부도덕한 일이라고 생각했다.

그러면 언제쯤부터 돈을 받아야 적당할까? 알리바바가 유료서비스를 선보인 시점에서 단서를 찾을 수 있을지도 모른다. 2002년 알리바바가 처음 흑자를 기록하기 시작했을 때 등록된 기업회원수는 100만 개 정도였다. 필자와 인터뷰하면서 마윈은 타오바오의 목표가 일자리 100만 개 창출이라고 밝혔다. 그가 말한 일자리 창출이란 무슨 뜻일까? 그는 이렇게 비유했다.

"다이아몬드 두 개 등급의 판매자가 타오바오에서 한 달에 3,000위안한화 약 60만 원 이상의 수입을 올릴 경우, 우리는 10위안한화 약 2,000원 정도의 수수료를 받을 것이다. 이 정도라면 개의치 않고 낼 수 있는 수준이다. 왜 3,000위안을 기준으로 했냐면 이 정도는 되어야 점포를 운영해 생활을 꾸려나갈 수 있기 때문이다. 즉 그 점포가 취미나 투잡 개념이 아닌 전업 수준의 진정한 사업체로 성장했다는 의미인 것이다."

다시 말해 타오바오에서 월 3,000위안 이상 수익을 내는 점포가 100만 개 이상 될 때가 바로 유료화를 개시할 시점이라는 것을 알 수 있다. 물론 이때가 언제쯤 올지는 아무도 모르며 마윈도 그저 기다릴 뿐이다.

힘차게 펄럭이는
무료화의
깃발

'무료' 전략에 대한 마윈의 생각과 태도는 매우 독특하다. 대다수 사람들이 생각하는 것처럼 '무료'가 그렇게 중요한 것은 아니며 경쟁에서 이길 수 있던 이유는 '무료'와 관련이 있긴 하지만 단순히 '무료' 전략에만 의지한 것은 아니라는 설명이다. 마윈은 줄곧 '수준'이라는 말을 입에 올리곤 했다. 경쟁사가 광고에 미친 듯 돈을 쏟아 부을 때도 너무 '수준'이 떨어진다고 말했고 경쟁사가 똑같은 사이트를 만들고 '무료'를 내세워 회원을 끌어모을 때도 삼류 '수준'이라고 비판했다. 즉 무료정책에도 수준이 있다는 말이다.

무료란 무엇인가? 무료란 바로 해자骇字. 적의 침입을 방어하기 위해 성의 주위를 파 경계로 삼은 구덩이-옮긴이를 숨기기 위해 적의 주의력을 분산시키는 빨간 깃발과 같은 존재이다. 마윈은 이에 대해 다음과 같이 설명했다.

"해자 아래에 우리의 오색깃발이 나부끼고 있지만 적들은 이를 보지 못하고 단지 빨간 깃발만 보게 된다. 이것이 바로 '깃발 하나가 시야를 가려 천하를 보지 못한다 一旗障目 不見天下'는 뜻이다. 우리의 진짜 전투력은 해자 안에 있지만 적들은 보지도 못할뿐더러 배우지도 못한다."

이 때문에 마윈이 생각하는 C2C시장에서 무료는 무기가 아니라 그저 지금 필요한 생존방식일 뿐이다. 그는 경쟁사가 무료를 따라 할까 두려워하기는커녕 오히려 '같이 무료화하자'며 느긋하게 제안했다.

2005년 12월 19일, 이베이이취는 점포무료개설 등 가격조정 정책을 내놓으며 판매자들에게 '제로 비용'으로 판매할 수 있는 길을 열어주었다. 이베이이취는 가격조정을 통해 더 많은 사람들이 온라인 점포를 개설할 수 있을 것이라고 밝혔다. 이베이이취의 대변인은 "우리의 온라인 상점모델은 이미 중국 내 수많은 기업들의 기준이 되었다. 개점비용을 면제하는 목적은 전문판매상들이 온라인 점포를 열도록 독려하고 판매비용을 줄여주어 매출을 높이려는 데 있다. 또 판매자들이 경매상품으로 등록하지 않은 기타 상품까지 모두 검색화면에 노출시켜 광고효과를 극대화할 것이다"라고 발표했다. 이베이이취의 사이트에서 우리는 다음과 같은 수수료 설명글을 볼 수 있다.

점포개설 수수료 안내

일반점포 무료

고급점포 150위안/월

특별점포 500위안/월

처음 고급점포를 개설한 후 30일간은 무료혜택을 드립니다. 그러나 이 기간에 점포 등급을 바꿀 경우 무료혜택은 취소됩니다. 30일 후부터는 정상적으로 수수료를 받습니다.

경매와 정가상품

경매상품은 회원님의 이취점포에 진열되며 이취의 검색결과화면과 상품목록에 표시됩니다. 회원님의 점포에 진열되는 등록하신 경매상품은 별도 비용을 낼 필요가 없지만 점포를 개설하시기 전에 등록하신 경매물품은 점포에 표시되지 않습니다. 상세한 정보를 원하시면 수수료 안내화면을 참조해주십시오.

등록비

일반물품은 회원님의 이취점포에 진열되는 정가상품으로 이취의 검색화면이나 상품목록화면에 표시됩니다. 아울러 구매자들은 회원님의 점포에서 이들 상품을 검색하거나 열람할 수 있습니다. 일반상품의 등록비는 무료입니다.

이것은 2001년 3/4분기부터 유료화를 개시했던 이베이이취가 '무료'로 선회하면서 처음으로 내놓은 조치이다. 비록 경쟁사 때문에 유료정책을 바꿀 계획은 절대 없다고 4년 동안 줄기차게 주장했지만 말이다. 당시 COO_{Chief Operating Officer, 최고업무책임자}였던 정시구이鄭錫貴는 이렇게 설명했다.

"중국시장에서 가격을 인하한 것은 중국회원들의 참여를 더욱 중요시했기 때문이다. 가격인하의 목적은 회사를 더 키우려는 것으로 가격인하와 유료정책은 절대 모순되지 않는다. 수요와 공급이 적절한 접점을 찾는 것처럼 유료화와 가격인하에도 접점이 있다. 우리가 고민하는 것은 현 단계의 중국시장에서 어느 정도 유료화가 가장 좋은 접점이냐 하는 것이다. 이 때문에 우리는 어느 정도 가격이 가장 적절한지에 대해 회원들과 오랜 시간 토론을 벌였다. 물론 이번 가격인하의 목표는 전자상거래의 문턱을 일정 수준까지 낮춰 좀더 많은 판매자들이 이취에서 물건을 팔 수 있도록 하고 이와 더불어 새로운 구매자를 끌어들이려는 것이다. 즉 시장을 점점 키우려고 했다."

비록 완전하지는 않아도 이취마저 다시금 '무료'라는 카드를 빼들었다는 것은 중국의 C2C시장에서는 새로운 회원을 끌어들이는 데 유료가 도움이 되지 않는다는 사실을 다시금 증명한 것이다. 이베이이취도 처음부터 유료로 한 것은 아니다. 초기엔 무료정책을 쓰다 2001년부터 수수료를 받기 시작했다. 이에 대한 정시구이의 설명은 이렇다.

"무료는 그저 수단일 뿐이다. 회사 설립 초창기에 사람들의 주목을 끌기 위한 것이다. 이취가 초창기에 무료정책을 쓴 목적도 더 많은 회원을 끌어들이려는 것이었다. 하지만 무료도 나름대로 안 좋은 점이 있다. 회원들 중에 간혹 장난처럼 물건을 파는 경우가 있기 때문이다. 예를 들면 100만 위안짜리 휴대전화라든가 수백만 위안짜리 중고생활용품을 파는 경우도 있었다. 이 때문에 3년 반 전에 유료로 전환하면서 오히려 실제거래비율이 대여섯 배나 증가했다. 상품거래량도 따라서 늘어났다."

즉 정시구이는 유료정책을 써야만 고객들이 전자상거래를 직접 체험하는 데 도움이 된다고 생각한 것이다. 무료로 하면 구매자들이 실질적으로 가격비교를 제대로 할 수 없으며 유료로 바꿔야만 판매자들도 진지하게 점포를 꾸미거나 상품 진열방식 등에 신경을 쓴다는 것이다.

'무료'는 비즈니스모델이 아니며 수익을 원하는 인터넷업체에게는 자살과도 같은 행위이다. 하지만 2001년부터 2005년까지 시행한 유료정책은 이취의 생각만큼 효과적이지 못했고 그다지 큰 수익을 가져다주지 못했다. 비록 이베이의 투자를 받아 미국회사가 되기는 했지만 그만큼 중국시장에서의 자체적인 생명력이 떨어져 타오바오에 밀리면서 시장점유율은 점점 떨어지기만 했다.

2005년 10월에 타오바오가 다시금 3년간 무료정책을 실시하겠다는 방침을 발표할 때 이베이는 여전히 '무료'는 비즈니스모델이 아니라고 못 박았다. 하지만 이 말은 이내 공수표가 되었다. 불과 2개월 뒤 이베이이취가 내놓은 세 가지 조치가 대부분 가격과 관련된 것이었기 때문이다. 그럼에도 이베이이취는 논란이 되는 거래수수료 등은 여전히 무료로 하지 않았기 때문에 언론에서는 이 조치를 가격인하나 '변종무료정책'이라고 평가했다. 아마도 이는 사오이보가 이취를 설립할 때 이베이의 비즈니스모델을 따랐기 때문일지도 모르며 혹은 이베이이취가 이제는 이베이그룹에 속해 있기 때문일지도 모른다. 하지만 이제 중국에서만큼은 무료가 적합하다는 사실을 모두 인식하고 있었다. 단지 이취가 이베이의 자회사로서 이베이와 달리 무료정책을 함부로 취할 수 없을 뿐이었다. 이런 까닭에 이베이이취의 가격인하 조치는 매우 의외로 받아들여졌다.

어쨌든 모회사인 이베이와 정책공조를 펼 수밖에 없었던 이취는 무료와 유료 사이에 놓인 강을 건너지 못하고 경쟁사가 노래를 흥얼거리며 멀리 떠나가는 것을 강변에서 손놓고 바라볼 수밖에 없었다. 이때 타오바오는 이베이이취의 아픈 곳을 찌르는 말을 했는데, 이취의 가격인하 조치에 대해 타오바오 측은 "중국의 특수한 상황을 감안하여 타오바오는 처음부터 전면 무료정책을 취했다. 이베이이취는 그저 타오바오의 이런 정책을 단순히 추종한 것뿐이며 중국시장의 현실에 비로소 눈뜬 것에 불과하다"라고 언론에서 밝힌 것이다.

이베이이취는 유료에서 무료로 전환하는 것은 중국전자상거래에서 역사적 퇴보일 뿐이라고 수차례나 밝혔다. 그러나 이들도 어쩔 수 없이 역사를 거꾸로 되돌릴 수밖에 없었다. 게다가 이는 중국시장에 대한 심도 있는 연구 끝에 내리게 된 결정이었다. 물론 중국인터넷업계 종사자들의 말이나 판단은 빗나가는 경우가 많다.

2000년에 인터넷업계에 칼바람이 몰아쳤을 때 수익에 굶주리던 인터넷사이트들은 이메일을 유료화해 살아남으려 했다. 이들은 무료이메일의 용량과 기본서비스를 줄이고 유료서비스를 내놓으면서 '세상에 공짜 점심은 없다'고 외쳤다. 이제 유료화가 대세이며 무료의 시대는 갔다는 것이다. 그러나 인터넷업계에 봄이 찾아오면서 무료이메일 용량도 다시금 늘어나기 시작하여 지금도 여전히 무료이메일이 주류를 이루고 있다.

하지만 전자상거래는 다르다. 적잖은 사람들은 무료정책이 양날의 칼과 같아 타오바오가 이베이이취를 이 칼로 쓰러뜨렸지만 도리어 자신이 이 칼에 당할 수도 있다는 점을 걱정했다. 무료가 3년 또 3년, 또다시 3년 이렇게 계속 이어지다가 어느 날 타오바오가 유료화를 선언할 때 다른 누군가가 '무료'를 무기로 들고 나온다면 타오바오도 쓰러질 수 있다는 경고이다.

그렇다고 영원히 무료화할 경우엔 과연 알리바바가 돈만 잔뜩 들어가고 수익도 내지 못하는 회사를 계속 유지할 수 있을까 하는 문제가 생긴다. 알리바바가 설령 돈이 너무 많아서 주체를 못한다고 해도 이런 회사를 유지할 필요가 있을까? 자선사업가도 아닌데 말이다.

꼬리에 꼬리를 무는 이러한 의문에 마윈은 매우 흥미로운 대답을 들려주었다.

"첫째, 알리바바는 돈을 충분히 갖고 있다. 지금 보유한 자금만으로도 31년 동안 타오바오를 먹여 살릴 수 있기 때문에 돈 걱정은 하지 않아도 된다. 둘째, 무료정책을 쓴 이유는 경쟁 때문이 아니라 시장과 회원들의 요구 때문이다. 무료는 양날의 칼이 아니며 더군다나 살상무기도 아니다. 이베이이취말고도 C2C시장에는 여러 경쟁사가 있는데 이 중 타오바오의 현재 시장점유율이 72%라는 사실이 이러한 설명에 힘을 실어준다. 진짜 중요한 무기는 핵심경쟁력이며 이는 경쟁사들이 쉽게 배울 수 없는 부분이다. 셋째, 경쟁사에게 무료화에 동참해달라고 네 차례나 제안했지만 매번 '무료'는 시간을 역행하는 것이며 비즈니스모델도 아니라는 대답만 들었다. 어쨌든 시장을 함께 키워보자는 성의는 충분히 보였다. 하지만 사람들이 이해하지 못하니 나중에라도 혹 내게 뭐라고 하지는 못할 것이다."

그렇다면 타오바오가 줄기차게 주장했던 '무료'는 상대방을 자극하려는 반어법이었을까? 비록 직접 인정하지는 않았지만 항상 '무료'를 외친 결과, 상대방의 마음을 어지럽혔다는 점은 마윈 본인도 부정하지 못할 것이다.

세상에 못할 일은 없다!

온갖 수많은 신생기업이 생겨났다 사라지는 인터넷업계에서 몇몇 천재들이 구상하는 비즈니스는 과거의 잣대로 평가하기엔 무리인 경우가 종종 있다. 전통적인 비즈니스모델을 평가하기 위해서는 기존의 데이터에 근거하여 미래를 전망해야 한다. 그러나 혁신적인 기업들이 뛰어들려는 시장은 아직 제대로 형태도 갖추어지지 않은 곳이다. 이러한 시장의 특징은 관련 통계나 데이터가 전무하거나 수시로 변하며 시장 자체도 변한다는 것이다. 그리고 이러한 시장에 뛰어드는 창업자들은 기존 데이터에 근거한 미래 전망이 아닌 새로운 상상력과 신념으로 무장하고 있다.

　이런 혁신적 기업들의 비즈니스모델은 간혹 창업자들의 어릴 적 소박한 꿈에서 시작되기도 한다. 빌 게이츠는 전 세계의 '모든 사람이 컴퓨터를 갖게 하고 싶다'는 소망이 있었고, 애플컴퓨터의 스티브 잡스는 '예술적 품격을 가진 지속적 기술혁신'이라는 이상이 있었다. 구글의 창시자인 세르게이 브린은 '모든 인터넷을 내 컴퓨터로 다운로드'하려 했으며 심지어 사람들이 즐겨 찾는 스타벅스의 창시자 하워드 슐츠도 처음에는 '모든 사람에게 최고의 커피와 좋은 분위기를 제공하겠다'는 야심으로 스타벅스를 시작했다. 물론 여기에는 마윈의 '세상에 못할 일은 없다. 일자리를 100만 개 창출하겠다'는 생각도 빼놓을 수 없다.

　1978년생인 허빈何彬은 완구를 생산하여 외국완구회사에 OEM으로 납품하는 일을 하는데 2004년에 알리바바닷컴에서 뽑은 10대 온라인상인에 선정되었다. 역시 1978년생인 딩난丁楠은 원래 상하이의 공무원이었는데 매일같이 복잡하게 출퇴근하는 생활에 염증을 느껴 타오바오에 판매점을 열어 절판된 CD를 팔기 시작했다. 의외로 장사가 잘되어 그 역시 알리바바의 10대 온라인상인에 선정되었다. 이들의 이야기가 여기서 끝난다면 재미없겠지만 2005년 9월에 이 두 사람은 운명적으로 만나게 된다.

　이 둘은 2005년에 열린 온라인상인대회에 나란히 참석했고 이 자리에서 딩난은 허빈에게 함께 일해보자고 제안한다. 허빈은 곧

바로 대답하지는 않았지만 돌아와서 생각해보니 딩난이 10대 온라인상인일 뿐 아니라 국제적 대도시인 상하이에 거주하고 있고, 상하이온라인상인협회 회장이라는 점에 신뢰를 느끼고 함께 일하기로 결심했다.

"할아버지는 단지 먹고 살기 위해 일했고, 아버지는 윈허雲和완구를 세상에 알리는 데 주력했다. 내 세대는 이제 브랜드를 만드는 데 힘써야 한다는 걸 깨달았다."

허빈은 온라인으로 판매되는 완구에 제대로 된 브랜드가 없다는 점을 노렸다. 그는 곧바로 '무완스쟈木玩世家'라는 브랜드를 등록했고, 딩난에게 온라인총판대리점을 맡겨 이 브랜드를 광고하도록 했다. 딩난은 광고와 더불어 가맹대리점을 계속 늘렸고, 1년이 지난 지금 이 브랜드는 온라인완구의 선도자로 발돋움했다.

이렇게 알리바바와 타오바오, B2B와 C2C가 손을 잡고 새로운 비즈니스를 만들어낸 사례를 보고 마윈은 더없는 기쁨을 느끼며 새로운 영감을 얻었다. 중국의 새로운 중소기업이 새로운 방식으로 태어난 것이다. 예전에는 오프라인에서 성공한 기업이 온라인으로 손을 뻗쳐 판매망을 늘리는 수준이었지만 지금은 B에서 C로 이어지는 완전한 플랫폼과 연결고리가 있어 신생기업도 인터넷에서 시작할 수 있게 되었다. 이러한 사례를 보면 전자상거래에 기반을 둔 사업은 잠재력이 무한하다는 점을 알 수 있다.

이것이 바로 마윈이 기대한 점이다. 알리바바와 타오바오의 플랫폼이 만들어내는 사업기회는 '세상에 못할 일은 없다'라는 마윈의 목표를 실현시켜준다. 더 중요한 것은 허빈이나 딩난 모두 마원이 이러한 플랫폼을 제공해주었기 때문에 성공 기회를 잡을 수 있었다는 점이다.

기업의 이념과 가치는 분명한 방향성을 갖고 있다. 비즈니스모델은 그저 목표한 방향으로 나아가도록 돕는 도구일 뿐이다. 시장환경은 언제든 변할 수 있고 비즈니스모델도 마찬가지이다. 단지 비즈니스모델 속에 숨어 있는 기업의 이념과 가치만 굳건하다면 비즈니스모델이 어떻게 변하건 이 기업의 본질은 절대 변하지 않는다.

2006년 10월 19일 로이터통신은 휘트먼이 재무제표를 보고하는 전화회의에서 "우리는 중국시장을 개척하기 위해 장기적으로 노력할 것이다"라는 말을 했다고 보도했다. 그녀도 알리바바 등 경쟁사가 무료정책을 쓰는 바람에 이베이가 중국에서 큰 도전에 직면했다는 점을 인정했다. 이 때문에 이베이는 중국시장에 더 강력한 전략을 준비했다. 즉 이베이와 페이팔, 스카이프를 한데 묶은 서비스를 내놓은 것이다.

2006년 9월 말, 이베이이취의 CEO 우스슝吳世雄이 사퇴하면서 이베이의 중국사업은 흔들거리기 시작했다. 이베이는 곧바로 페이팔의 중국총책임자인 랴오광위廖光宇에게 이취의 CEO를 겸하도록 했다. 하지만 이러한 조치들은 타오바오를 넘어뜨리기엔 역부족이었다. 결국 이베이가 이취를 TOM닷컴에 팔면서 이베이와 타오바오의 경쟁은 막을 내렸다. 이베이는 결국 최후에 웃지 못했다. 하지만 이제 다시 마윈과 TOM닷컴 중 누가 최후의 승자가 될지 역시 모르는 일이다.

Part 6 타오바오 불패신화의 원동력

길은 만들어지는 것이다. 비즈니스모델도 마찬가지이다. 명왕성조차 태양계 행성에서 제외되는 이러한 시대에 결과를 보기도 전에 상대방의 비즈니스모델이 틀렸다고 섣불리 단언하는 것은 현명하지 못한 태도가 아닐까?

PART 7

IT회사가 아닌
서비스기업이 되라

"나는 컴퓨터에 대해 잘 모를뿐더러
우리 회사가 IT 회사라는 생각을 한 번도 해본 적이 없다.
우리는 그저 고객에게 서비스하는 회사일 뿐이다."

물고기가 없으면 양식을 하라

2006년 7월 31일, 타오바오는 한 회원의 제보를 받았다. 2005년 11월에 등록된 다이아몬드 5개 등급의 한 우수판매자가 신용도를 조작했다는 것이다. 조사해본 결과 이것이 사실로 드러나자 타오바오는 이 판매점을 퇴출시키는 조치를 취했다. 처음에 이 판매자는 자신이 신용도를 조작했는지 잘 몰랐다며 여러 차례 타오바오에 전화를 걸어 담당직원에게 항의했다. 그러나 고객서비스팀의 직원들이 자세히 설명해주자 자신이 규칙을 어겼음을 깨닫고는 타오바오에 직접 사과편지까지 써서 보냈다.

편지를 받은 직원들은 다시금 엄격한 심사를 거쳐 이 판매자에게 한 번 더 기회를 주기로 하고 경고조치만 내리고 판매점은 계속 운영토록 했다. 이 판매자의 행동은 고객서비스팀원들에게 깊은 인상을 남겼다. 진지한 사과편지를 보냈을 뿐 아니라 2006년 8

월 14일에는 '언제나 회원을 생각하고 고객의 이익을 위해 행동한다心系用戶 爲民謀利!'라고 쓰인 휘장을 보내왔다. 민원처리팀이나 고객서비스팀뿐만 아니라 타오바오의 전 직원이 감동했다고 한다.

"드디어 우리의 일이 회원들의 인정을 받았구나 생각하니 가슴이 뭉클했다. 이런 게 바로 우리 타오바오의 원동력이다!"

'서비스.' 이것이 바로 타오바오가 이베이이취를 넘어 중국시장의 선두주자로 우뚝 선 비결이다. 마윈은 이에 대해 "회사의 구조는 베낄 수 있다. 무료정책도, 웹페이지나 광고문구도 모두 베낄 수 있다. 심지어 인재도 스카웃해 가면 그만이다. 하지만 핵심경쟁력만큼은 모방할 수 없다. 타오바오의 핵심경쟁력은 바로 서비스이다"라고 설명했다. 이런 까닭에 마윈은 "나는 컴퓨터에 대해 잘 모를뿐더러 우리 회사가 IT회사라는 생각을 한 번도 해본 적이 없다. 사실 우리는 그저 고객에게 서비스하는 회사일 뿐이다"라고 말한 것이다.

타오바오의 선장 '진융'

마윈이 무협지 팬이라는 사실은 꽤 널리 알려져 있다. 그는 특히 《사조영웅전》, 《의천도룡기》 등 수많은 베스트셀러 무협소설을 펴낸 작가 '진융金庸'을 광적으로 좋아한다. 처음에 마윈의 이름이 알려지게 된 계기도 '서호논검西湖論劍' 때문이었다. 초창기에 별로 알려지지 않았던 알리바바닷컴과 CEO인 마윈이 중국의 유명 인터넷기업 CEO들을 항저우로 초청해 포럼을 개최할 수 있었던 것도 진융 덕택이었다. 이때부터 일반인들 사이에 마윈의 이름이 알려졌고 그가 진융의 골수팬이라는 것도 알려졌다.

마윈이 무협지 팬이 된 것은 어린 시절에 8년간 태극권을 비롯한 여러 무술을 배운 것과 관련이 있다. 어쨌든 이를 계기로 마윈은 진융의 도움을 받게 된다.

2000년에 진융은 저장浙江대학에서 기업인들을 위한 강연을 했다. 이 소문을 듣고 직접 진융을 찾아간 마윈은 진융과 만난 자리에서 강호와 협객, 무공 등을 주제로 신나게 이야기를 했다. 그리고 그해 9월 항저우의 서호西湖에서 다시 진융을 만난 마윈은 이런저런 이야기를 나누다가 문득 아예 서호에서 열리는 경제포럼을 만들어야겠다고 생각하게 되었다. 이렇게 태어난 알리바바의 간판 프로그램인 '서호논검'은 매년 업계의 거두들이 모여 인터넷과 관련된 화제와 비전을 논의하는 장이 되었다. 그리고 진융은 이 '서호논검'의 사회자를 맡았다. 비록 그가 인터넷과 중국IT기업이 어떻게 돌아가는지는 잘 모르지만 마윈은 그에게 무한한 신뢰를 갖고 있다.

"인터넷은 비즈니스이고 생활이다. 진융은 정말 보기 드문 날카로운 통찰력을 갖고 있다. 이는 아직 청년기에 있는 인터넷이 필요로 하는 부분이다."

진융은 '서호논검' 포럼에서 다음과 같이 강연한 적이 있는데 이는 알리바바에 큰 감명을 준 듯하다.

"인터넷은 성장가능성이 매우 높은 분야다. '수확을 원하면 낚싯대를 드리우라愿者上鉤'는 말이 있다. 물고기를 잡으려면 서호에 그물을 던지던가, 아니면 강태공처럼 낚싯대를 드리우고 기다리라는 것이다. 그런데 막상 물고기를 잡고 보니 작은 고기만 잔뜩 걸리고 제대로 된 큰 물고기는 못 잡았다고 가정해보자. 그렇다면 앞으로 어떻게 어획량을 늘릴지가 중요한 과제가 될 것이다. 나는 얼마 전 도화도桃花島에 가서 저우산舟山 시장과 저장성 성장省長 그리고 농어업을 관리하는 부성장을 만났다. 이들은 얘기 도중 UN규정 때문에 어업구역이 줄어 큰일이라고 걱정했다. 저장성에서 어업은 꽤 큰 부분을 차지하고 있어 어업구역이 줄어든 만큼 어민들의 수입도 줄어들기 때문이다. 그럼 어떻게 대처해야 할까? 방법은 지금 당장 '양식養殖'을 시작하는 것이다!"

진융은 이어서 '양어론養魚論'에 대해 설명했다.

"나는 여기에서 영감을 얻었다. 어떤 인터넷사이트의 회원들이 큰 수익이 되지 않는 자잘한 물고기들인 데다 어획량도 크지 않다면 양식하면 된다. 인터넷을 통해서 좋은 친구들과 많이 교류할 수 있지 않은가? 나는 원래 보수적이라 컴퓨터나 인터넷을 그다지 좋아하는 편은 아니다. 친구들이나 학생들에게도 컴퓨터보다는 책을 보라고 항상 말한다. 컴퓨터가 책을 대체하게 된다면 나는 너무도 슬플 것이다. 하지만 지금 시대의 흐름에 적응해야 한다. 막상 컴퓨터를 사용해보면 참 편리하고 좋다는 것을 느끼게 된다. 이메일을 쓰면 얼마나 편한가. 컴퓨터도 좋은 점이 많다는 것을 나도 인정할 수밖에 없다. 어쨌든 내가 여러분께 드리고자 하는 말은 바로 그물에 물고기가 많이 걸리지 않으면 양식해서 큰 수확을 노리라는 것이다."

이 말은 마윈의 마음속에 깊이 박혔다. 양식해서 물고기를 잡으라는 진융의 말은 배는 고픈데 물고기가 안 잡힌다고 연못의 물을 말려 물고기를 잡는 것은 결코 장기적인 성장을 담보할 수 없다는 날카로운 지적이었기 때문이다. 연못에 있는 물고기는 원래 야생이지만 인공적인 배양과 사육을 통해 물고기의 습성을 이해하고 이들의 번식을 조절하면 물고기는 자연스레 불어날 것이고, 이때 적정량을 계속 잡으면 되는 것이다. 이것이 바로 성공과 생존의 도리이다. 인터넷은 큰 연못과 같은데 어떻게 하면 이 연못에 물고기를 충분히 양식할 것인가 하는 점은 지혜가 필요한 큰 사업이었다.

알리바바의 직원들은 진융을 단지 '서호논검' 포럼의 사회자로만 생각하지 않는다. 진융은 그들에게 지혜로운 혜안을 지닌 길안내자이며 선지자, 현인이다. 이 때문에 이들은 진융의 이 말이야말로 인터넷기업이 어떻게 수익을 낼 것인가에 대한 더없이 현명한 지적이라고 생각한다.

알리바바는 수익을 내기 전까지 상당히 오랜 기간 시장을 키우는 시간을 보냈다. 그 시간에 마윈은 현미경으로 연못 안에서 일어나는 미묘한 변화들을 관찰했다. 타오바오의 경우는 아직 양식하는 시기로 예전에 마윈이 잠깐 낚싯대를 드리웠으나 고기들이 놀라서 도망치는 바람에 낚싯대를 거둘 수밖에 없었다. 진융이 '서호논검'에서 한 말이 여전히 마윈의 가슴속에 깊이 새겨져 있었던 것이다.

타오바오의 독특한 무협문화

무협 냄새가 물씬 풍기는 '서호논검' 포럼을 만든 마윈은 2003년 타오바오를 만들 때도 처음부터 끝까지 그리고 형식부터 내용까지 철저하게 진융이 창조한 무협세계를 본떠서 회사를 구성했다.

직원들이 건네는 명함에는 이름 밑에 별명이 적혀 있는데 이 별명은 진융의 무협소설에 등장하는 인물들의 이름이다. 초창기에 입사한 사람들은 당연히 자신들이 좋아하는 인물을 고를 수 있었다. 나중에 직원들이 점점 많아지자 소설에 단 한 번만 등장하거나 대사조차 없는 인물들의 이름마저 별명으로 쓰였다. 그 인물들이 어디에 등장하고 어떤 캐릭터인지 안다면 타오바오 직원들과 대화하기가 훨씬 편할 것이다.

손님을 접대하는 타오바오 사무실은 '도화도桃花島'라고 명명했고, 회의실은 '영취궁靈鷲宮', VIP사무실은 '광명정光明頂'이라 이름 붙였다. 수십 평에 달하는 사무실에 들어가 보면 전혀 딴 세상에 온 듯한 느낌을 받는다. 사무실 곳곳에는 진융의 소설에 나오는 지명이 붙어 있고 직원들의 이름은 온통 '장삼풍張三豊, 곽정郭靖, 양과楊過' 같은 대협이다. 심지어 타오바오 회원들을 상대하는 고객센터 직원들도 '일대종사一代宗師' 같은 별명을 써서 진융의 소설을 읽어본 사람이라면 매우 친근감을 느끼게 된다.

마윈의 별명은 '풍청양風淸揚'으로 회원들에게 공지사항이 있거나 하면 마윈은 게시판에 이 닉네임으로 글을 올리곤 한다. 유일하게 예외인 인물은 쑨퉁위인데, 그는 무협지의 인물에서 별명을 따오지 않고 스스로 '재신財神'이라 이름 붙였다. 그는 이 별명을 통해 타오바오에 큰 부를 가져다주는 것이 자신의 사명이자 책임이라는 것을 알리고자 한 것이다.

타오바오 설립 초기에는 회원들 사이에서 '재신'이라는 별명을 쓰는 사람이 누구인가에 대한 의견이 분분했다. 남자인지 여자인지, 청년인지 나이가 지긋한 어르신인지 궁금해한 것이다. 대다수 의견은 '재신'이 여자이며 나이가 꽤 들었을 거라는 데 모아졌고 '재신할머니'라고 불러야 한다는 의견도 나왔다. 이를 보다 못한 쑨퉁위는 결국 자신이 '재신'이라고 밝혔고 이때부터 회원들은 그를 '재신아저씨'라 부르기 시작했다. 쑨퉁위는 이 호칭을 꽤 맘에 들어했기 때문에 타오바오 내부에서도 직원들이 그를 부를 때는 사장님이라 하지 않고 재신아저씨라고 한다.

이러한 별명은 직원들이 온라인상에서 사용하는 공식 ID이기도 하여 누구라도 타오바오 왕왕메신저에서 이들의 이름을 치면 직접 대화할 수 있다. 사실 진융의 소설에 나오는 인물들은 타오바오 직원들의 숫자보다 훨씬 많다. 하지만 마윈이 악인으로 등장하는 인물들의 이름은 절대 쓰지 말라고 못 박았기 때문에 악인들의 이름은 제외되었다. 어떤 회원이 문제가 생겨 전화했는데 응대하는 직원의 별명이 산적山賊이라면 난감하지 않겠는가?

마윈은 이를 통해 직원들이 의로운 협객의 정신을 배우기를 원했다. 협객이라는 것이 물론 무협의 세계에만 존재하는 가상의 인물이긴 하지만 현실 사회에서 필요한 가치관을 갖고 있다는 것이다.

타오바오의 기업문화는 형식부터 내용까지 무협문화를 표방하는데 이는 알리바바의 문화와는 큰 차이를 보인다. 마윈은 언제나 기업문화는 살아 있는 것이어서 사람이나 고객, 기업에 따라 달라질 수 있다고 역설했다. 타오바오와 알리바바는 업무나 대상고객층, 직원 구성 면에서 완전히 다르다. 타오바오가 알리바바의 자회사라고 하여 기업문화까지 같아야 한다는 법은 없다. 마윈은 기업그룹은 통일된 가치관을 공유하되 각각의 자회사는 자기 나름의 가치관을 표현하는 방식을 유지하길 원한다고 밝혔다.

"다원적이고 다변하는 문화표현 방식이야말로 살아 있는 것이다."

알리바바의 고객군은 대개 중소기업이라는 비슷한 배경을 갖고 있지만 타오바오의 고객들은 여기저기서 몰려든 각양각색의 사람들이기 때문에 마윈은 진융의 무협문화를 내세워 질서를 잡으려 했다. 의롭고 공평하며 합리적이고 서로 돕는 협객문화는 인터넷시대에 자란 젊은이들에게도 필요하다고 본 점이 참 흥미롭다. 어떤 이는 회사 내에서 이렇게 서로 별명을 부른다는 게 진지한 맛이 떨어져 장난스럽다고 비판하기도 한다. 하지만 인터넷기업이나 외국계기업에서는 종종 직원들끼리 영문이름을 부른다는 점을 생각해보자.

마윈 역시 이러한 비판에 별로 개의치 않는다. 그는 자신의 회사만큼은 몇몇 다른 인터넷업체들에서 보이는 불친절하고 고압적인 태도를 버리기를 원했다. 몇몇 인터넷사이트는 웹페이지상에서 고객센터 연락처도 찾기 힘들뿐더러 간신히 연락되었다고 해도 무뚝뚝하고 건성건성한 대답만 들려오곤 한다. 도대체 내가 지금 통화하는 게 사람인지 컴퓨터인지도 구분되지 않을 정도이다. 마윈은 이러한 태도에는 절대로 '서비스'라는 게 보이지 않는다고 질타했다. 타오바오의 독특한 문화를 싫어하는 사람도 물론 있을 것이다. 하지만 마윈은 절대 강요하지 않는다. 어쨌든 그가 원하는 점은 가장 중국화되고 현지화된 기업이 중국인을 위해서 서비스하는 것이기 때문이다.

마윈에게는 또 하나의 꿈이 있다. 고대중국의 사마천司馬遷이 《사기史記》에 《유협열전遊俠列傳》을 쓴 이래로 중국인들의 마음속에는 언제나 협객俠客이나 강호江湖에 대한 환상이 존재한다. 이제 마윈은 사람들이 타오바오를 바로 이 강호라고 부르는 날이 오기를 고대하는 것이다.

커뮤니티를 통해
사이트를
키운다

알리바바를 창업하기 전에 마윈은 동료들과 함께 베이징에서 '온라인중국상품거래시장'이라는 사이트를 운영했다. 이들은 베이징에서는 그다지 성공을 거두지 못했으나 투자자를 찾는 과정에서 커뮤니티의 중요성을 깨달았다. 이곳에 자주 들르는 사람들은 다들 상상하는 것처럼 할 일이 없어 빈둥대거나 뭘 해야 할지 모르는 철없는 젊은이들이 아니었다. 오히려 대다수가 사업이나 거래를 위해 정보를 공유하러 오는 사람들로 자신의 글에 연락처를 남기는 경우가 많았다.

알리바바의 한 창업멤버의 말에 따르면 처음에는 커뮤니티에 별 관심이 없었다고 한다. 그런데 커뮤니티 게시판의 클릭수가 점점 늘면서 관심을 갖게 되었고 오히려 정성들여 만들어놓은 웹페이지보다 이곳의 방문자수가 더 많다는 걸 깨달았다. 당시에는 그 이유를 찾을 수 없었는데 마윈과 직원들이 베이징을 떠나기로 결정하고 마지막으로 다같이 놀러간 만리장성에서 마윈은 답을 찾을 수 있었다. 바로 중국인은 어느 곳에서든 뭔가를 끼적이거나 쓰기를 좋아한다는 것이다. 그래서 나중에 알리바바를 만들면서 찻집 분위기로 커뮤니티를 꾸몄다.

2003년에 C2C 사이트를 만들기로 결정하면서 이를 위해 10명으로 구성된 전담팀에는 엔지니어, 고객관리담당 그리고 포럼과 커뮤니티 담당직원이 포함되어 있었다. 이 사람들의 조합에서 우리는 타오바오의 기본적인 형태를 엿볼 수 있다. 새로 만들어질 C2C 사이트의 포럼과 커뮤니티를 어떤 식으로 만들 것인지에 대해 마윈은 별다른 지시를 하지 않았다. 단지 매우 중국적이고 사람들을 모을 수 있는 방향으로 해보라는 말만 했을 뿐이다. 쑨퉁위의 생각은 더 추상적이고 간단했는데 '편하고 활기 넘치게' 만들어보자는 것이었다. 이에 팀원들은 어떻게 해야 이런 요구를 만족시킬 수 있을지 고민하기 시작했다.

"우리는 매일같이 인터넷상의 커뮤니티를 돌아다니며 살펴보았는데 구성이나 기술적인 측면에서 전부 고만고만하다는 걸 느꼈다. 이 때문에 처음에는 머릿속이 뒤죽박죽이었다. 그러다가 '서사호동西祠胡同'이라는 사이트에서 영감을 얻었다. 서사호동은 '골목'이라는 중국적 정취가 물씬 풍기는 단어였다. 누군가 우리 사이트를 방문하면 이런 느낌을 받길 원했다. '당신은 골목입구에 있다. 고색이 창연하고 예스러운 골목에.' 입구에는 구부정한 버드나무가 있고 골목 안에서는 사람들의 활기찬 목소리가 들려오는 것이다. 그래서 우리는 이러한 콘셉트로 밀고 나가보자고 생각했다."

그들이 처음 생각해낸 것은 '뎬샤오얼唐小二'이었는데 이를 통해 서비스지향적인 타오바오의 직원들을 표현하려 했다. 팀원들은 처음엔 이 의견을 놓고 망설였지만 마윈은 이를 듣고는 무척 좋아하며 감탄을 연발했다.

"뎬샤오얼이라는 말은 고객을 위해 서비스하는 우리 자신의 위치를 상징하는 것이다. 텔레비전이나 영화에서 보면 찻집이나 음식점에서 일하는 말단직원들이 손님을 보면 먼데서부터 인사하거나 손님이 말에서 오르내리는 것을 도와주곤 하는데 이런 사람들을 뎬샤오얼이라 부른다. 지금이야 고객들에게 옛날처럼 '도련님', '어르신'이라고 호칭하지는 않겠지만 어쨌든 이를 통해 선조들이 지녔던 친절한 서비스정신을 배워야 한다. 그래야만 회사가 커져도 고객을 무시한다거나 하는 행태가 없어질 테니까 말이다."

마윈이 흔쾌히 수락하면서 커뮤니티시스템은 중국전통문화의 특색을 살리는 쪽으로 만들어지기 시작했다. 예를 들어 관리시스템은 장문掌門이 맡고 그 아래에 두 명의 호법護法을 지정하여 게시판을 관리하도록 했다. 그리고 게시판에 글을 많이 올릴수록 등급이 상향되는데 포의수재布衣秀才부터 진승晉升, 장원급제壯元及第까지 등급을 정했다. 물론 글을 많이 올린다고 해서 특별히 상을 준다거나 하는 것은 없고 단지 타오바오의 사이버머니만 지급했는데, 이것은 추천순위를 높이거나 하는 데만 쓸 수 있었다. 그러나 오래된 회원들은 게시판에 글을 많이 쓰면 장사에 큰 도움이 된다는 자신의 경험을 종종 글로 남기곤 했다.

사실 커뮤니티를 만들 때도 이러한 점이 고려되었다. 타오바오의 모든 부분은 사업과 관련되는데 왕왕메신저에서 채팅하면서도 회원들은 판매자가 어떤 사람인지와 점포주소를 확인할 수 있어 쉽게 점포에 접근할 수 있다. 커뮤니티 게시판도 마찬가지여서 글을 쓸 때 판매자는 자신의 명함이나 상품사진, 점포주소 등을 올려놓을 수 있다.

길거리에서 지혜를 얻은 마윈

항저우는 유명한 차생산지이다. '스펑롱징獅峰龍井'은 항저우에 한 번이라도 들른 사람이라면 반드시 사가는 선물로 유명하다. 항저우 시내 거리 곳곳에는 수많은 찻집이 들어서 있을 정도로 항저우는 차와 절대 떨어질 수 없는 도시이다.

마윈도 차 마시는 것을 좋아하는데 차도 차지만 찻집의 분위기를 더 좋아한다. 찻집의 편하고 아늑한 분위기는 집처럼 휴식할 수 있는 공간이 됨과 동시에 정보를 교환하며 세상이 어떻게 돌아가는지 느낄 수 있는 장소를 제공해주기도 한다.

라오셔老舍의 유명한 작품 《차관茶館》은 찻집주인과 손님들의 10여 년에 걸친 생활의 변화를 통해 한 시대의 운명을 조명해본다는 내용이다. 찻집은 시정생활을 가장 잘 그리고 정확하게 반영하는 장소이다. 전자상거래사이트를 찻집의 콘셉트로 꾸민다는 데서 우리는 마윈이 다른 IT업계 인물들에게는 없는 거리에서 발견할 수 있는 일상적인 지혜를 가지고 있다는 점을 알 수 있다.

2000년 전후에 등장한 몇몇 IT업계 영웅들의 면모를 보면 모두 일정한 공통점이 있음을 알 수 있다. 장차오양, 딩레이 심지어 마윈의 옛 경쟁자인 사오이보 등은 모두 어릴 때부터 천재소리를 듣고 자랐다. 이들은 모두 명문대 출신에 유학파이거나 세계 500대 기업에서 근무한 경험이 있다. 이들이 이러한 경력과 태평양 건너편의 자본가들이 제공한 자금을 가지고 중국에 발을 디뎠을 때 이들은 또 다른 세계의 문명 혹은 전혀 새로운 비즈니스 문명을 상징했다.

하지만 마윈은 달랐다. 마윈의 과거를 돌아보면 드라마틱한 일들이 꽤 많다. 예를 들어 어릴 적에 공부를 못해서 수학은 빵점이었지만 영어만큼은 잘했는데 그 이유가 아버지가 너무 엄격해서 툭하면 마윈에게 꾸지람을 했기 때문이라고 한다. 마윈의 성격이 당하고는 못 참는 성격이라 아버지의 호통에 자신도 똑같이 말대꾸를 했는데 그래도 아버지한테 대놓고 뭐라고 하긴 뭐해서 영어로 실컷 말대꾸를 했고 이 과정에서 영어가 크게 늘었다는 것이다. 그리고 대학수학능력시험에서 떨어져 1년간 재수했는데 그때 인력거를 끌었다. 대학에 합격한 것도 성적은 간신히 전문대학에 들어갈 만큼밖에 안 되었는데 4년제 본과대학의 정원이 미달되어 운 좋게 들어가게 되었다는 것이다. 또 저장성 진화金華기차역 대합실에서 우연히 루야오路遙의 소설 《인생》을 주웠는데 이 책이 그의 인생을 바꿨다더라 등의 소문….

이러한 이야기들을 얼마나 믿어야 할지는 모르겠지만 어쨌든 마윈이 독특한 성격의 소유자라는 것은 분명하다. 그는 진정한 민초民草이며 일반인이다. 항저우라는 도시의 골목에서 우울한 청소년기를 보내며 자란, 어쩌면 보통사람보다 훨씬 더한 풍랑을 겪은 인물이다.

마윈은 길거리 문화나 서민들의 생존방식과 지혜를 누구보다 잘 알고 있으며 이는 우리가 잘 알고 있는 IT업계 영웅들에게는 없는 부분이다. 그는 자신이 IT나 컴퓨터를 잘 모른다고 항상 말하지만 인터넷에 대한 통찰력은 무서울 정도로 정확하다.

인터넷 열풍이 일어난 지 10년이나 지나자 네티즌들은 이제 인터넷에서 사람의 목소리를 듣고 싶어 했다. 이베이의 창립자인 오미디야르도 새로운 세대의 인터넷 주자들에게 말하길 그의 유일한 바람이 있다면 인터넷에 진정한 사람의 목소리를 심는 것이라고 말한 적이 있다. 이는 지금의 인터넷에서 매우 중요한 점이다.

마윈이 이 같은 말을 한 적은 없어도 이러한 일을 직접 하려 했다. 게다가 그는 이러한 사람의 목소리에다 중국적인 요소를 가미하여 마윈 스타일의 독특한 시스템을 만들었다. 이는 처음에는 사람들의 주목을 끌지 못했지만 시간이 지나면서 업계전문가들은 이런 독특한 커뮤니티문화야말로 타오바오의 결정적 무기라고 평가했다. 타오바오는 '커뮤니티를 통해 사이트를 키운다'는 눈에는 잘 띄지 않지만 효과적인 전략을 펼쳐 성공했으며 더욱 중요한 것은 이 전략은 베끼기가 매우 어렵다는 점이다.

타오바오의 커뮤니티를 가보면 이곳에서 지켜야 할 다음과 같은 준수사항을 볼 수 있다.

1. 타오바오는 우리 모두의 것이며 모든 회원이 타오바오의 주인입니다.
2. 타오바오인은 사람의 본성이 선하다는 것을 믿습니다.
3. 사람의 착한 본성을 믿고 신뢰하는 것은 성숙된 커뮤니티 문화를 만들어나가는 데서 출발합니다.
4. 서로 도움을 주며 따뜻한 정을 바탕으로 합리적으로 물질적 재부財富를 추구하는 것과 더불어 정신적인 부와 인격적 소양을 높이는 것도 중요시합니다.
5. 신뢰와 존엄은 인생에서 가장 존귀한 재산입니다.
6. 타오바오 커뮤니티의 수익은 반드시 모든 회원의 이익을 바탕으로 해야 합니다.
7. 공평하고 공정하며 공개적이라는 전제하에 회원의 프라이버시를 존중합시다.
8. 미래에 대한 꿈과 비전을 갖되 기회가 오면 과감한 결정을 내릴 수 있는 열정을 가집시다.

이러한 타오바오의 이념에는 '중국인은 사업을 할 때 느낌을 가장 중요시하며 먼저 친구가 되어야 사업을 할 수 있다'는 의미가 깃들어 있다. 특히 온라인거래는 거래당사자들이 서로 잘 모르기 때문에 커뮤니케이션이 매우 중요하다. 이런 생각은 현재 유행하는 Web 2.0 시대에 부합하는 것이며 마윈의 타오바오는 그들만의 차관茶館 2.0을 만들려고 한 것이다.

확실한 목표에 집중하는 삼장법사의 리더십

얼마 전인가부터 고전문학을 새롭게 해석하는 풍조가 유행하고 있다. 중국의 4대 고전인 《삼국연의三國演義》, 《서유기西遊記》, 《수호전水滸傳》, 《홍루몽紅樓夢》을 현대 비즈니스에 맞도록 새롭게 해석하여 성공학과 리더십의 조건을 설파한 책들이 대거 쏟아져 나온 것이다. 이 중에서 중국기업인들이 제일 선호하는 책이 《삼국연의》인데 《신삼국지경영학水煮三國》의 판매량이 다른 책들보다 많았다.

유비, 관우, 장비는 하나같이 유명한 인물인 데다 각각의 개성과 역할분담도 뚜렷하다. 유비는 장수감은 아닌 우두머리이지만 관우와 장비로 대표되는 무인武人들과 제갈량, 방통을 중심으로 한 문관文官들의 보필을 받아 적벽대전에서 조조를 대파하며 형주, 익주, 한중 지역을 차지함으로써 삼분천하三分天下의 위업을 달성한다. 이러한 조직을 이끌고 훌륭한 성과를 거둔 유비는 분명 모든 기업가가 꿈꾸는 이상형일 수 있다.

하지만 마윈은 이러한 유비의 방식에 대해 단호하게 'No'라고 말한다. 너무 완벽한 조직은 존재하기 힘들기 때문이라는 것이다. 그는 《삼국지》의 이 고사가 실제 사실이긴 해도 너무 몽환적이며, 오히려 스승과 세 제자가 경전을 얻기 위해 떠나는 험난한 서역여행을 다룬 《서유기》야말로 현실적인 의의를 갖는다고 본다. 또 삼장법사야말로 가장 뛰어난 리더라고 자신의 의견을 밝혔다.

《서유기》의 네 주인공은 일반인들의 특징과 약점을 모두 보여준다. 서역으로 가는 여행에서 요괴에 항복하기도 하고 자기들끼리 작은 의견충돌 때문에 싸우기도 하지만 이 과정에서 우리는 이들 조직이 성숙해가는 모습을 엿볼 수 있다. 손오공은 '들개' 같은 애증의 존재이며, 저팔계는 약간 반골기질이 있기는 하지만 조직에 웃음을 불어넣어주는 '윤활유' 역할을 한다. 사오정은 흔히 볼 수 있는 모범직원같이 성실하며 꿋꿋하게 일하는 인물이고, 삼장법사는 문약文弱하고 힘도 없어 무슨 일만 생겨도 말에서 떨어질 정도로 혼비백산하는 인물이지만 제멋대로인 제자들을 이끄는 리더이다. 그렇다면 삼장법사의 리더십은 과연 어디서 나오는 것일까?

마윈은 삼장법사가 막중한 사명감을 가지고 조직의 가치관과 발전 방향을 제시했다는 점을 지적한다. 그의 생각은 오로지 경전을 가져와야 한다는 데 집중되어 있으며 그 어떤 것도 이를 막을 수는 없다. 바로 이 때문에 삼장법사가 이끄는 이 조직은 흩어질 수 없는 원심력을 갖고 목적을 향해 전진할 수 있게 된 것이다.

또 삼장법사는 인재관리에도 탁월하여 세 사람을 서로 다른 방식으로 관리한다. 손오공은 아주 엄격하게 관리하여 조금만 잘못해도 엄한 처벌을 내렸고, 저팔계는 실수도 많이 저지르고 먹는 것만 너무 좋아하여 가끔 일을 그르치기도 하지만 큰 잘못은 저지르지 않기 때문에 잘 타이르면 그만이다. 사오정은 너무 모범생 스타일이어서 손오공이 귀찮거나 까다로운 일을 전부 사오정에게 떠넘기곤 하지만 평소에 항상 관심을 보여주고 칭찬해주면 큰 문제는 없다.

회사는 바로 손오공, 저팔계, 사오정 같은 인물들이 모인 조직이라고 마윈은 생각했다. 그리고 자신은 삼장법사처럼 이러한 보통사람들을 이끌어 스타조직으로 만드는 리더가 되고 싶다고 밝혔다. 사실 마윈의 개인적인 매력이 무엇인지는 줄곧 미스터리로 남아 있다. 〈포브스〉에서는 마윈을 "광대뼈가 툭 튀어나오고 곱슬머리에다 웃을 때는 이가 드러나는 아이 같은 자그마한 체구의 중국 남성"이라고 소개하기도 했다. 이렇게 얼핏 보기에 기이하고 볼품없는 인물이 별다른 노력을 하지 않고도 500대 기업에서 근무하던 전문경영인들을 자신의 회사로 끌어들인 것이다.

CTO Chief Technology Officer, 최고기술경영자인 우중 吳炯은 야후 검색엔진을 개발한 인물로 몸값만 수십 억대의 연봉을 받을 수 있는 인물이지만 이를 거부하고 알리바바에서 일하고 있다. 타이완 출신의 차이충신은 예일대학에서 경제학과 법학박사학위를 취득한 인물로 세계적인 벤처투자회사인 InvestAB의 아시아대표를 역임했는데 알리바바를 한 번 방문하고는 스웨덴지사의 부총재직을 거부하고 알리바바에 들어왔다. 당시엔 마윈조차도 "우리 회사는 기껏해야 500위안의 월급밖에 못 준다"며 도저히 믿을 수 없다는 태도를 보였다. 하지만 두 달 후에 차이충신은 가족을 설득하고는 정말 알리바바로 옮겨와 CFO Chief Financial Officer, 최고재무관리직를 맡았다. 처음에 반대하던 가족도 그의 설명을 듣고는 알리바바에 투자하라고 권유하기도 했다.

2001년에는 GE에서 16년간 일했던 관밍셩關明生이 COO Chief Operating Officer, 최고운영책임자로 들어왔고, 2003년엔 마이크로소프트 중국지사의 인사총담당자와 렌샹그룹의 재무담당자가 들어왔다. 이들은 이전 회사에서는 고위임원이었지만 알리바바에서는 그다지 높은 연봉을 받지 못했다. 이들이 높이 평가한 것은 바로 마윈과 알리바바의 기업문화와 비전이었다. 알리바바에 들어온 인재들은 대부분 고액 연봉을 마다했고 마윈과 함께 일하는 이유가 결코 돈 때문이 아니라는 공통적인 특징을 갖고 있다.

타오바오 설립 후에는 경쟁사에서 타오바오 직원을 스카우트하려는 물밑작업이 치열하게 진행되었다. 한때는 아예 타오바오 사무실 밑에서 경쟁사 직원들이 기다리고 있다가 높은 연봉과 직급을 제시하면서 이들을 데려가려고 했다. 타오바오의 한 고위임원은 "지금까지 통틀어 이직한 타오바오 직원은 겨우 4~5명에 불과하다. 그것도 회사가 너무 멀거나 개인적인 사정 때문에 옮긴 것이다. 경쟁사에서 오랜 기간 그렇게 혈안이 되어 스카우트하려 했지만 우리 타오바오 식구들이 보여준 애사심은 정말 감동적이었다"라고 말했다.

　하버드나 예일 출신들이 항저우사범학원 출신들과 함께 일한다는 점은 상당히 도전적인 일이었다. 이에 대해 마윈은 "동방의 지혜와 서방의 경영관리가 한데 어우러져 거대한 글로벌시장에 도전한다"라는 생각을 피력했다. 알리바바는 아무리 특이한 사람이라도 언제나 받아들일 수 있다는 것이다.

　어떤 조직을 들여다보면 일은 잘하지만 관리는 못하는 사람이 있고 관리는 잘해도 일은 못하는 사람이 있게 마련이다. 마윈도 알리바바 직원들을 보면 어떤 이는 사람들을 통솔하고 관리하는 데는 탁월하지만 기술적인 부분에서는 빵점인 반면, 어떤 이는 기술적인 부분에 능통하여 기술은 9단인데 관리는 빵점이라고 한다.

　마윈은 처음에 항저우사범학원에서 영어교사를 했기 때문에 회사의 관리구조를 짤 때 대학의 구조를 응용했다. 대학을 보면 반대표, 학과장, 단과대학장의 관리라인과 조교, 강사, 교수라는 실질적 업무라인으로 구분되어 있는데 이를 그대로 회사구조에 적용한 것이다.

　알리바바 내에서는 관리라인과 업무라인이 명확하게 구분되어 있다. 관리라인의 경우 헤드Head, 매니저Manager, 디렉터Director, VP, SeniorVP, CEO로 구분되며, 기술적인 업무를 담당하는 라인에는 용사勇士, 기사騎士, 협객俠客, 히어로Hero 그리고 마스터Master, 치프Chief의 직급이 있다. 기술업무에 종사하는 직원들은 관리업무를 맡을 수는 없지만 마스터가 자신의 목표라고 말할 수는 있다.

　마윈은 "절대로 CEO가 대단하다고 생각할 필요가 없다. CEO

는 단지 히어로 정도일 뿐이다. 각각 업무의 핵심은 마스터이다. 나도 알리바바에서는 중요하겠지만 마스터는 중국이나 아시아, 심지어 전 세계 인터넷업계에서도 중요한 인물이다"라고 밝혔다.

CEO인 마윈의 뛰어난 통솔력 덕분에 알리바바는 창업 후 5년 동안 한 명의 직원도 자발적으로 퇴사한 적이 없으며 경쟁사에서 3배의 연봉을 제시해도 직원들은 꿈쩍하지 않았다.

내기를 하며 같이 성장하자

알리바바에는 설립 초부터 마윈이 정한 규칙이 하나 있었다. 즉 이견이 있으면 누구라도 그 자리에서 바로 이의를 제기하라는 것이다. 그래서 초창기에는 회의할 때 툭하면 언성이 높아지곤 했다. 마윈의 언변이 매우 뛰어난 것은 사실이지만 매번 직원들을 설득하지는 못했기 때문에 해결책을 하나 생각해냈는데 바로 내기를 하는 것이었다. 한 예로 2001년에 마윈은 다음 해인 2002년에 수익을 목표로 하자는 의견을 냈는데 대다수 직원들은 마윈이 헛소리를 한다는 반응을 보였다. 이에 마윈은 내기를 제안했고, 결국 2002년 12월 말에 알리바바는 1위안의 수익을 기록하여 마윈의 손을 들어주었다.

내기에 재미가 들린 마윈은 2002년 종무식에서 2003년에는 1억 위안의 수익을 내자는 계획을 제안했다. 1위안에서 1억 위안이라니! 어떤 직원은 심지어 의자를 박차고 일어나 반대의견을 표시하기도 했다. 하지만 마윈은 "한번 정해졌으니 이제 무엇으로도 되돌릴 수 없다"라며 단호히 말했고, 결국 2003년에도 그의 예상처럼 알리바바는 가볍게 1억 위안의 수익을 달성했다.

2003년 연말에는 더욱 황당한 목표를 제시했는데 "2004년에는 매일 100만 위안의 수익을, 2005년에는 매일 100만 위안의 세금을 내자"라는 제안을 했다. 매일같이 100만 위안의 수익이라니! 이는 다시금 알리바바 경영진을 술렁이게 만들었고 반대 목소리도 전에 없이 강렬했다. 하지만 마윈은 어떤 반대에도 전혀 개의치 않았고 이번에도 그가 이겼다.

때때로 마윈은 회원들과 내기를 하기도 했다. 알리바바의 스타판매원으로 불리는 한 회원은 1년 안에 매출액을 하루에 1만 위안으로 늘리겠다고 공언했는데 마윈이 그에게 내기를 제안한 것이다. 마윈은 매출액뿐 아니라 재계약률까지 포함한 두 가지 목표를 달성하면 그에게 세계 어느 곳에 있는 호텔이든 그가 원하는 곳으로 보내주겠다고 약속했다. 흔쾌히 이를 수락한 회원은 자신이 지면 한겨울에 서호西湖로 뛰어들겠다고 약속했다. 1년 후에 이 회원은 일일매출액 1만 위안은 달성했지만 마윈이 제시한 재계약률에서는 목표치에 도달하지 못했다. 게임에서 진 것이다. 어쨌든 약속은 약속인지라 이 회원은 정말로 서호에 뛰어들었고 마윈도 자신이 이기기는 했지만 그에게 호의로 호텔숙박권을 제공했다.

하지만 2003년 이후에 이런 내기는 자취를 감추었다. 직원들은 "마윈은 정말 무서운 사람이다. 어떤 내기든 절대 지는 법이 없었다. 그래서 이젠 아무도 마윈과 내기를 하려 하지 않는다"라고 말했다. 내기를 할 수 없게 된 마윈은 좀 실망한 눈치였지만 한 고위임원은 이렇게 말했다.

"물론 내기를 하기가 두려운 것도 있지만 더 중요한 것은 이제 사람들이 마윈의 판단을 신뢰하기 시작했다는 것이다. 그리고 마윈도 우리를 실망시킨 적이 한 번도 없었다."

삼장법사가 제자들을 각기 다른 방식으로 관리했듯이 알리바바그룹을 이끌고 있는 마윈도 삼장법사처럼 타오바오라는 자회사에 대해서는 전혀 다른 관리방식을 채택했다. 마윈은 처음부터 자신과 함께 알리바바그룹을 일구었던 쑨퉁위에게 타오바오를 맡겼고 자신은 전략의 큰 방향만 지시했다. 혹자는 마윈의 성공요인으로 그의 탁월한 용인술用人術을 꼽는다. 기업에서 반드시 필요한 인물은 최고의 능력을 지닌 사람이 아니고 그 자리에 꼭 맞는 사람이다. 마윈은 컴퓨터나 기술에는 문외한이지만 각 분야에 가장 적합한 사람을 찾아내는 데는 뛰어났다.

쑨퉁위는 대학졸업 후 항저우의 한 광고회사에서 일했다. 이때 마윈은 항저우에서 차이나옐로페이지라는 사이트를 운영하고 있었는데 쑨퉁위가 광고를 따기 위해 마윈을 찾아왔다. 비록 광고는 못 땄지만 둘은 친구가 되었고, 후에 마윈이 창업하겠다는 의사를 밝히자 쑨퉁위도 주저 없이 합류하여 함께 알리바바를 시작하게 된 것이다.

쑨퉁위는 겉보기엔 좀 무뚝뚝해 보이지만 격의 없는 성격에다 재치있는 유머감각의 소유자이다. 이런 이유에서인지는 몰라도 타오바오는 알리바바와는 다른 독특한 기업문화를 갖게 되었다.

마윈은 알리바바그룹의 자회사들이 같은 가치관을 공유하면서도 자신만의 개성 있는 문화를 만들기를 바란다고 말한다 2009년 현재 알리바바그룹은 알리바바닷컴, 타오바오닷컴, 즈푸바오, 알리소프트, 야후차이나 등 6개의 자회사를 거느리고 있다-옮긴이.

"CEO를 맡는다는 게 사실 제일 어렵다. 똑똑한 사람들 500명을 한 곳에 모여 있게 한다는 것은 참 힘든 일이기 때문이다. 하지만 단순히 직원들에게 일이나 열심히 하고 돈이나 벌자고 말하기보다는 기업의 사명이나 가치관을 공유하면서 통솔하면 큰 효과가 발휘된다. 직원들은 '중국 최고의 기업을 만들자'는 사명감을 갖고 온 사람들이지 절대로 내 밑에서 일하기 위해 온 게 아니다. 이런 조직은 강한 응집력을 보이기 마련이다. 즉 기업의 사명과 가치관을 확립하는 것이야말로 CEO의 가장 중요한 자질이다."

많은 중국기업 가운데 알리바바나 타오바오처럼 가치관이란 말을 입에 달고 사는 기업은 거의 없다. 어쩌면 기업에서 가치관의 중요성을 몰라서인지도 모른다. 역사 속에 존재하는 삼장법사는 사오정이나 저팔계, 손오공 없이 홀로 고독한 사막을 지나는 외로운 여행을 했다. 결국 서역에 도착하여 경전을 얻을 수 있었던 것은 그의 강렬한 신념 덕분이었다. 바로 이 신념이 오늘날 우리가 말하는 가치관이다.

마윈은 알리바바그룹이 앞으로 100년 이상 지속되기를 희망한다고 밝혔다. 마윈의 회사 같은 신생 중국기업들의 특징은 이들의 뛰어난 모방능력에 있는 것이 아니라 모험과 실패를 두려워하지 않는다는 것이다. 이는 모험을 기피하는 서구기업들과는 큰 대비를 보이는데 실패에서 배우고 성공 경험을 빠르게 흡수하는 능력은 서구기업이 갖지 못한 중국기업만의 이점으로 작용한다. 이 때문에 이런 측면에서 바라보면 타오바오는 단순한 IT기업이라기보다는 중국적인 요소와 글로벌한 요소를 동시에 갖춘 인터넷기업이라고 말할 수 있다.

Ma¥un ₩ay

PART 8

이베이에게 아직 먹을 파이가 남았는가

"알리바바와 이베이의 싸움은 이미 끝났다.
남은 것은 전장을 정리하는 것뿐이다.
앞으로 10년 내에 알리바바는
전 세계 3대 인터넷업체로 발돋움할 것이다."

이베이가 흘린
첫 번째
눈물

"정시구이가 사무실로 돌아오자 행정부서 팀장이 찾아왔다. 그는 신입사원을 30명 증원하는 문제 때문에 골머리를 앓고 있었다. 30명이 한꺼번에 들어오기엔 지금 사무실이 좁았기 때문이다. 어떡하지? 책상과 의자를 사야 하나? 이게 가장 간단한 해결책이기는 하나 지금 사무실에 책상과 의자를 30개 더 놓으면 자리가 너무 좁을뿐더러 배치하기도 곤란하다. 더 넓은 사무실로 옮겨갈까? 아니면 사무실을 하나 더 구해서 일부 인원만 옮길까? 정시구이는 계속 생각했다. 하지만 어떻게 하건 일단 중요한 것은 이를 단독으로 처리할 수 없다는 것이었다. 그래, 그냥 오후에 열리는 이베이 글로벌 화상회의 시간에 이 문제를 논의해보는 게 좋겠다."

- 〈매일경제신문每日經濟新聞〉 2005년 3월

Part 8   이베이에게 아직 먹을 파이가 남았는가

이 글은 '비전형적인 COO의 하루'라는 제목이 붙은 기사였는데 정시구이는 이베이이취의 COO로서 창립자인 사오이보가 경영 일선에서 물러난 이후 CEO의 직책도 대행하고 있었다. 그는 나중에 타이완에서 온 우스슝에게 직책을 물려주고 물러나게 되며 우스슝도 2006년 겨울에 사임하게 된다. 이 기사는 꽤나 유명한 글이었는데 여기서 말하고자 하는 것은 이런 것이었다.

"잘 돌아가는 회사와 문제가 있는 회사를 비교해보면 전략측면에서 큰 차이는 없지만 일상적인 사무를 처리하는 데는 큰 차이를 보인다. 좋은 회사는 시스템적인 관리로 문제를 해결하기 때문에 임직원뿐 아니라 고객들도 명확하게 회사가 어떻게 돌아가는지 확인할 수 있는 반면, 나쁜 회사는 문제가 생기면 경영층의 '기지'나 직원들의 적극적인 대처 등으로 해결하기 때문에 같은 회사 사람이라도 담당자가 아니면 일이 어떻게 돌아가는지 잘 모른다. 하물며 고객들은 말할 필요도 없다. 이렇게 업무 프로세스가 명확한 회사는 지속적으로 이를 보완·수정할 능력이 있으며 생명력이 넘친다."

하지만 타오바오의 경영진은 이 기사를 다른 각도에서 바라보았다. 이베이 중국지사가 30명의 신입사원을 추가로 증원하는 정도의 문제를 글로벌 경영진이 참가하는 화상회의에서 결정해야 한다면 도대체 중국지사에서 단독으로 결정할 수 있는 사안은 무엇일까?

타오바오의 사무실은 알리바바 본사에서 10분 정도 거리에 있는데 빈장濱江 지역의 새 건물이 완성되는 대로 곧 합칠 계획이다.

즈푸바오의 사무실도 타오바오 사무실과 세 정거장 정도 거리에 있다. 지리적인 거리로 자회사와 모회사의 관계를 판단한다는 것은 분명 어불성설이긴 하지만 최소한 행정적인 지위의 급에 따라서는 양자의 거리를 측정할 수 있다. 이베이는 이베이 중국지사를 아태지역 총괄본부 밑에 두었다. 그런데 다른 다국적회사와는 다르게 이베이는 아태총괄지사를 홍콩이나 싱가포르가 아닌 한국에 설치했다.

이런 측면에서 보면 이베이이취와 모회사인 이베이는 지리적으로 태평양을 사이에 두고 있을 뿐만 아니라 행정직급상으로도 중간에 한국을 끼고 있는 형국이었다. 비록 천신만고 끝에 서버를 하나로 합치기는 했지만 중미 사이에는 해저케이블이 있어 중국의 사용자들은 종종 로그인에 불편을 겪었다. 중국의 언론들이 이베이 중국지사가 번번이 한국의 아태총괄본부에 보고해야 하는지 문제를 제기했을 때 휘트먼은 중국시장의 중요성을 강조하기 위해 중국지사는 이베이의 글로벌부사장인 본인에게 직접 보고하고 있다고 밝혔다. 하지만 이러한 배려는 중국지사의 직원들이 한국의 아태총괄본부라는 존재 때문에 받을 스트레스를 풀어주었는지는 모르겠으나 관리측면에서 보면 분명 기본적인 원칙에 어긋난 처사였다.

휘트먼은 중국시장에서의 성패를 매우 중요시하여 이곳에 수억 달러를 쏟아 부으며 18개월 내에 경쟁자를 몰아내겠다고 공언했다. 그녀는 중국은 절대 물러설 수 없는 시장이라고 말했으나 한편으로 이는 '관심을 갖게 되는 순간 마음이 흐트러진다關心則亂'

는 중국속담처럼 될 수도 있었다. 중국시장에 점점 집착할수록 그녀는 모든 업무를 몸소 처리하기를 원했으며 단계별 계획이 그녀의 의도대로 완벽하게 이루어지길 희망했다. 그러나 그녀는 자신이 45세의 미국 여성이며 그녀가 임명한 중국지사의 책임자도 40여 세의 타이완 출신 전문경영인이었다. 회사직원들은 대부분 1970~1980년대에 태어난 중국본토 신세대라는 사실을 잊은 듯했다. 그리고 그녀는 아마 '승리는 내가 아닌 적에게 달려 있다勝在敵 不在我'는 중국의 병서에 나오는 유명한 구절을 들어본 적이 없었을 것이다.

"성공은 새로운 전략을 짠다거나 더욱 심도 있는 연구를 통한 계획에 달려 있는 것이 아니다. 이는 경영진이 다음 두 가지 사항을 얼마나 이해하는가에 달려 있다. 첫째는 명확하고 안정된 기업목표이며, 둘째는 다른 회사보다 더 많은 가치를 창출하기 위한 노력이다."

이베이이취는 중국에서 첫 번째 요건은 갖추었지만 두 번째 요건에서는 그렇다 할 성과를 보여주지 못했다.

인터넷업계를 평정하다

휘트먼은 때때로 믿기 힘들 정도의 자신감을 보여주곤 했다. 그녀는 일찍이 다음과 같이 말한 적이 있다.

"우리는 미국뿐 아니라 해외시장에서도 성공할 수 있는 경영시스템을 갖고 있다."

"해외에 지사를 설립한 인터넷회사는 우리 말고도 많지만 실적 면에서는 우리가 단연 최고다."

이베이의 해외진출계획에 대한 그녀의 설명은 마윈이 장난스럽게 말한 "2002년에는 1위안의 수익을, 2003년에는 매일 100만 위안의 매출을, 2004년에는 매일 100만 위안의 수익을, 2005년에는 매일같이 100만 위안의 세금을 내겠다"라는 언급을 떠올리게 한다.

그녀의 계획은 이랬다. 2001년에는 10곳의 해외시장을 개척하고 1억 2,000만 명의 회원을 확보하며, 2005년에는 25개국에 진출하여 3억 5,000만 명의 회원을 확보한다. 휘트먼의 전략은 먼저 유럽에서 성공을 거두어 독일과 영국에서 역량을 강화하고, 10년 뒤에는 인터넷이 가장 빠르게 퍼질 아시아시장에서 주도적 위치를 차지하는 것이었다. 사실 이러한 구상은 오히려 마윈이 말한 것보다 더 가능성이 있어 보였지만 아쉽게도 그녀의 세계시장을 향한 꿈은 이미 한쪽 날개가 꺾여버렸다.

하지만 이는 사실 처음부터 무리한 계획이라고 할 수는 없었다. 기술의 발달로 세계는 점점 가까워졌고 미국인이 '세계는 평평하다'고 너나없이 떠들던 시기에 미국인인 휘트먼도 자연스레 이베이의 독보적인 수익모델로 전 세계를 평정하자는 생각을 하게 된 것이다.

이 거대한 계획을 한번 자세히 살펴보자. 이베이의 홈페이지가 인터넷을 통해 모든 국가, 도시, 마을과 농촌으로 퍼지게 되면 상이한 언어와 화폐, 세관, 교역제도, 시장정책, 국가체제, 정치적

의견 등을 넘어설 수 있다. 그렇게 되면 이베이는 유토피아 같은 존재가 되며 업계의 표준이 되어 모든 경계를 뛰어넘는 글로벌시장을 창출하게 된다. 컴퓨터 앞에서 자판만 두들기는 사용자라도 이러한 생각을 하면 가슴이 뛰게 마련인데 미국에서 이베이를 성공시킨 경험이 있는 휘트먼도 당연히 자신이 이런 포부를 현실화할 수 있다는 강한 믿음을 갖고 있었다. 또 이베이가 정식으로 해외에 진출하기 이전부터 이미 전 세계 90여 국가와 지역에서 등록한 회원들이 있었다는 사실도 그녀에게 자신감을 심어주었다.

휘트먼은 가장 간단하고도 효과적인 방법을 썼는데 인터넷사용자수가 많은 나라 순으로 공략해 들어가기로 한 것이다. 이런 기준으로 순서를 짠 결과, 미국-독일-영국-오스트레일리아-캐나다-일본-중국 순으로 계획표가 정해졌다. 당시 독일에는 성공적으로 자리 잡은 온라인경매사이트 '알란도Alando'가 있었는데 이 회사는 이베이의 수익모델을 그대로 옮겨와서 응용했다. 이베이 창립자인 오디미야르는 이 회사를 직접 둘러보기 위해 독일로 갔는데 이때 알란도의 창립자인 샘월은 오래된 폴크스바겐을 끌고 공항에서 그를 마중했다. 이는 미국에서도 오래된 폴크스바겐을 타고 다니는 오디미야르에게 좋은 인상을 주었고 그도 역시 '이베이 정신'을 공유하고 있다고 믿게 되어 협상은 순조롭게 진행되었다.

1999년 6월에 이베이는 4,300만 달러를 주고 알란도를 인수했다. 현재 독일은 이베이의 해외시장 중에서 이윤을 가장 많이 내주는 시장이 되었다. 2004년 시사주간지 〈타임〉은 휘트먼이 독일의 상징적 건축물인 국회광장에서 찍은 사진을 표지모델로 올렸고 그 밑에 '정복자'라는 세 글자로 설명을 덧붙였다.

2000년 이베이는 영국에 진출했는데 여기서는 인수합병을 통하지 않고 영국 직원들을 동원하여 '이베이 정신'을 효과적으로 퍼뜨릴 수 있는 새로운 사이트를 직접 제작했다. 이번에도 성공을 거두자 오스트레일리아, 이탈리아로 진출했으며 가는 곳마다 이베이의 경영모델은 가히 무적의 힘을 발휘했다. 그리고 드디어 일본에 상륙했다.

일본에서의 참패

일본은 이베이가 진출한 17번째 나라였다. 당시 일본에서는 야후저팬이 5개월 전에 이미 온라인경매서비스를 선보였는데 이는 무료였다. 그러나 이베이는 여전히 이베이 정신을 고수하기 위해 유료서비스를 고집했다. 이베이저팬은 2000년 3월부터 서비스를 개시했고 경매품의 가격에 따라 한 건당 30엔에서 7,500엔까지 수수료를 받았다. 하지만 이번에는 상황이 생각만큼 잘 풀리지 않았다.

유럽에서는 이베이의 본토화 전략이 매우 성공을 거두어 독일이나 까다롭기로 소문난 영국에서도 사용자들의 호평을 받았다. 그러나 일본에서는 일본인이 제일 좋아하는 별자리운세나 뉴스속보 코너를 함께 제공하지 않아 시종 일본네티즌들의 관심을 끌지 못했다. 1년이 지난 뒤 이베이는 연말에 발표하는 일본 웹사이트 순위집계에서 4위에 머물렀다. 이 성적은 새로운 시장에 진출한 업체로는 훌륭한 성적이었으나 이베이에게는 치욕스러운 결과였다.

2001년 3월 26일, 휘트먼은 단호한 태도로 무료화를 선언했는데 이는 2001년 4월 중순에 야후저팬이 유료화를 시작한 데에 대응하기 위한 조치였다. 이 조치는 분명 이베이의 경영모델에 위배되는 것이었다. 2001년 3월 27일자 〈니혼게이자이신문〉에는 다음과 같은 사설이 실렸다.

"글로벌시장에서 야후와 함께 치열한 경쟁을 벌였던 미국의 이베이는 일본시장에 뿌리내리기 위해 눈앞의 이익을 포기하고 얼마 전 무료화를 선언했다. 이베이저팬은 이베이가 일본에 설립한 자회사로 2000년 3월부터 일본에서 서비스를 시작하면서 상품 한 개당 30엔에서 7,500엔의 수수료를 받았다. 지금까지는 야후가 무료라는 이점을 갖고 회원수에서 이베이를 크게 앞질렀으며 거래되는 상품수도 평균 220만 건으로 이베이의 10배에 달한다."

그러나 이런 조치로도 열세를 만회하지는 못했다. 야후저팬의 유료정책은 이베이처럼 판매자에게만 돈을 받는 게 아니고 구매자와 판매자 모두에게 돈을 받는 것으로 모든 회원에게서 매월 300엔씩 받았다. 그리고 거래비용을 포함한 다른 기타비용도 적지 않았는데 예를 들어 안전결제시스템을 사용하면 따로 돈을 받았다. 그러나 이러한 이중삼중의 수수료에도 회원들은 이베이로 옮겨가지 않았고 야후의 영향력은 지속적으로 커졌다.

반대로 휘트먼의 무료화정책은 효과를 거두기는커녕 웃음거리가 되고 말았다. 미국모델을 그대로 가져와 유료정책을 실시해 놓고는 처지가 불리해지자 무료화를 선언해 판도를 바꾸려는 것은 분명 멀리 보는 안목이 없는 것으로 시장을 효과적으로 통제할 수도 없었다. 일본인은 소비하는 데 일관성을 갖고 있어서 상점이나 브랜드에 대한 충성도가 매우 높다. 예를 들어 할아버지 대부터 어떤 가게의 단골이었다면 손자 대에도 몇 배의 돈을 더 주는 한이 있더라도 그곳에서만 물건을 사는 식이다. 이베이는 이러한 일본인의 소비성향에 대해 사전조사를 충분히 하지 않았고 경쟁사의 세력이 점점 커지는 상황에서 상대방이 예전에 썼던 무료화전략으로 고객을 빼앗으려 했다. 나중에 밝혀진 사실이지만 인터넷사업의 성공여부는 무료나 유료와는 필연적인 관련이 없었다. 더욱 중요한 것은 무료화를 해야 할 때 무료화하는 것이고 유료화를 해야 할 때 유료화를 결정하는 것이다.

2002년 야후저팬은 비로소 수익을 내기 시작한 반면, 당시 이베이저팬의 회원수는 2만 5,000명에 불과했지만 그동안 마케팅을 위해 50억 엔이나 쏟아 부은 상태였다. 그리고 오히려 무료서비스를 실시하면서 돈을 더 지출하고 있었다. 결국 일본시장에서 고전을 면치 못하던 이베이는 2002년 3월 철수를 결정했다.

이에 대해 일본의 언론은 다음과 같이 평가했다.

"이베이저팬은 3월 말에 철수하며 경쟁사인 야후에게 완패하여 3월 31일을 기해 서비스를 중단한다고 밝혔다. 경쟁사인 야후는 유료화를 선언했음에도 회원들이 대량으로 이탈하기는커녕 오히려 야후를 더 지지했으며, 2001년 4월에 이베이는 무료화를 선언했음에도 회원은 증가하지 않았다. 미국에서 높은 실적을 자랑하며 인지도 또한 높았던 이베이는 일본에서는 인지도가 그리 높지 않았다. 인지도 면에서 일본에서 절대적인 위치에 있었던 야후를 겨냥하여 공격적인 마케팅을 벌였다면 결과는 달라졌을지도 모른다. 그러나 미국에서 인지도가 높았던 이베이는 당연히 일본에서도 인지도가 높다고 착각한 결과 일본의 상황을 잘 파악하지 못했다."

이베이저팬의 경영진은 다음과 같이 실패 이유를 정리했다.

첫째, 일본시장 진출에서 야후저팬보다 한발 늦어 후발주자로서 경영이 쉽지 않았다.

둘째, 일본시장을 잘 이해하지 못해 현지화 작업이 늦어졌으며 경영진도 대부분 구미출신이었다. 휘트먼은 "우리가 2000년에 진출했을 때 시장은 이미 경쟁자에게 선점되어 있었다"라고 말했지만 현실은 그렇게 간단히 결론내릴 수 없었다. 설사 이베이가 야후저팬보다 먼저 시장에 진출했다고 해도 반드시 이겼으리란 보장은 없었다. 일본시장에 대한 이해부족이 실패의 직접적인 원인이기 때문이다. 이베이는 처음부터 1.25~5%까지의 거래수수료를 부과했고 판매자에게 신용카드번호를 알려달라고 요구했다. 그러나 당시 일본의 젊은이들은 현금지불이나 은행이체를 더 선호했고 게다가 야후에서는 무료정책을 쓰고 있었다. 또 이베이는 일본시장에 맞는 전략이 아닌 기존의 성공모델에만 의존했다. 이베이는 광고를 하지 않고 입소문을 통한 확대전략을 노린 반면, 야후는 수입의 8%를 마케팅과 광고에 쏟아 부었는데 스타벅스와 손을 잡고 인터넷카페를 만들기도 하고 공항에 대형광고판을 세우기도 했다.

당초 일본시장에 자신감을 보였던 휘트먼은 현지시장의 비즈니스 관행과 민족적 특성을 전혀 이해하지 못하여 결국 어떻게 손을 쓸 수 없는 상황까지 오게 되었으며 정확한 시점에 결정하지 못하게 되었다. 그러나 그녀는 일본에서의 실패는 단지 전술의 실패이며 세계시장을 향한 이베이의 큰 계획에는 영향을 주지 않을 것으로 믿는 듯했다. 아마도 그녀는 세계가 평평하다는 것을 잊은 것 같다. 야후저팬의 배후에는 손정의가 있었고 그는 이번 승리로 용기백배하여 자신의 생생한 경험과 투지를 중국인 마윈에게 심어주었다.

현지화 전략의 부재로 인한 도미노식 패배

휘트먼은 아마도 일본에서의 패배를 그녀의 전체 계획 중 뜻밖에 틀어진 아주 작은 실수로만 여겼으며 패배 이유도 단지 야후재팬보다 5개월 늦게 진출했기 때문이라고 생각한 듯하다. 그리고 이 '뜻밖의 패배'는 그녀의 이베이모델에 대한 믿음과 글로벌 확장을 위한 행보에는 아무런 영향을 주지 않았다. 세계화는 당시 이베이가 반드시 이루어야 할 과제였는데 미국 본토시장이 포화상태에 이르렀기 때문에 새로운 발전을 위한 시장을 개척해야만 했던 것이다. 이것은 이베이 자신뿐 아니라 월가에서도 필요하다고 지적한 사항이었다. 이 때문에 이베이는 아시아에서 거침없는 행보를 계속했다.

2001년에는 한국의 옥션을 인수했고, 2002년에는 일본시장에서 철수하면서 950만 달러를 들여 타이완의 최대 경매사이트인 네

오닷컴Neo.com을 인수했다. 2003년에는 이취를 인수하여 중국시장에 진출할 채비를 했고, 그해 연말에는 홍콩에 진출했으며, 2005년에는 5,000만 달러를 들여 인도 최대의 온라인경매사이트인 바지닷컴Baazee.com을 인수했다.

그러나 2004년부터 시작된 타오바오와 이베이이취의 경쟁은 휘트먼을 고민에 빠뜨렸고 나쁜 소식은 이후에도 연이어 터져나왔다. 2006년 6월, 이베이는 타이완에서 철수했다. 4년간 고생만 하다 결국 이베이타이완을 경쟁업체인 야후에 넘긴 것이다.

이베이이취도 중국 본토에서 고전했기 때문에 휘트먼은 같은 아시아권인 한국에 큰 기대를 걸었다. 2005년 11월에 이베이가 발표한 바에 따르면 중국의 회원수는 1,500만 명으로 한국보다 100만 명이나 더 많지만 영업실적 면에서 보면 한국이 중국을 한참 앞질렀다. 한국시장에서의 수익이 전체 아시아시장 수익의 77%나 차지했던 것이다.

당시 눈살을 찌푸리게 했던 사실은 이베이가 한국시장에서의 실적은 크게 떠벌리면서 중국시장에서의 실적은 2년 동안이나 공개하지 않았다는 것이다. 대다수 언론에서는 도대체 중국시장에서는 수익이 얼마나 났는지 아니면 손실이 얼마나 되는지 궁금해 했다. 상장회사인 이베이가 정작 중요한 부분을 의도적으로 밝히기를 꺼린 것이다.

그리고 휘트먼이 중국은 너무도 중요한 시장이며 '절대 포기할 수 없는' 시장이라고 공언하면서도 아태지역총괄본부를 한국에 설치하고 이베이코리아의 CEO에게 아태지역을 맡게 했는데 이러한 조치는 중국인을 상당히 불쾌하게 했다.

이베이 VS G마켓

하지만 한국에서의 실적도 휘트먼을 완전히 만족시키지는 못했다. 2006년 하반기에 이베이는 한국에서 강력한 경쟁자를 맞게 된다. 규모가 작은 경쟁사였던 G마켓이 빠른 속도로 치고 올라온 것이다. 그 이유는 '가격전쟁'에 있었다. G마켓은 회원들에게 유리한 조건을 내걸었다. 판매상들의 등록비를 크게 낮추고 상품가격도 고정시켰으며 웹페이지에 상품 사진을 계속적으로 반짝이게 하여 더 많은 고객들의 주목을 끌도록 하는 등 적극적인 마케팅을 펼쳤다. 얼핏 보면 이러한 전략들이 유치해 보이기도 하지만 결과적으로 나타난 수치는 무시힐 만한 것이 아니었다.

2006년 1/4분기에 G마켓과 옥션의 상품판매액은 거의 4억 9,000만 달러에 달했는데 G마켓이 거둔 거래수수료와 광고수입은 전년도에 비해 3배나 증가한 2,960만 달러였다. 물론 가격전쟁이란 것은 앞에서도 언급했듯이 표면적인 이유이며 본질적인 원인은 문화적 문제에 있었다.

한국네티즌들의 견해에 따르면 G마켓이 3년간 이렇게 빨리 성장할 수 있었던 이유는 첫째, 이베이처럼 공개경매에 중점을 두지 않고 고정적인 상품가격을 제시했기 때문이다. G마켓에서는 고객이 판매자와 따로 협상할 수 있으며 곧바로 거래를 진행할 수 있다. 둘째는 G마켓에서는 물건을 파는 비용이 비교적 저렴하고

G마켓 자체적으로 다양한 마케팅 활동을 벌여 고객들을 끌어모았기 때문이다.

더 중요한 점은 아시아시장에서 이베이에게는 악몽과도 같은 존재인 '야후'라는 이름이 이번에도 등장했다는 것이다. 야후는 G마켓의 지분을 9% 사들였고, 2006년 6월 29일 G마켓은 나스닥에 상장되면서 9,270만 달러를 조달하여 확고한 경쟁력을 갖추게 되었다. 이에 대응하여 이베이코리아는 판매상들의 수수료를 낮추는 조치를 취했다.

지금 한국에서는 이베이와 G마켓이 대등한 위치에 있지만 발밑에 있던 꼬마 같던 조그만 업체가 급속하게 성장하여 자신과 대등하게 겨룬다는 것이 이베이로서는 결코 달가운 일이 아닐 터이다. 더구나 C2C시장은 이론적으로 '강한 자는 더욱 강해지고 약한 자는 더욱 약해진다'는 시장이 아닌가. 한국에서 절대적인 위치에 있던 이베이는 한때 휘트먼에게 큰 기대감을 주기도 했으나 지금은 판도의 반을 잃었으니 실패라고 해도 무방할 것이다 2009년 7월 현재 G마켓은 이베이에 인수되었다 – 옮긴이.

아시아시장에서 이베이의 참담한 결과를 보노라면 영미권 문화와 차이가 큰 시장에서는 이베이가 힘을 쓰지 못한다는 점을 알 수 있다. 현지화가 덜 된 상태에서는 차별화된 경쟁력을 가질 수 없을뿐더러 현지고객의 입맛에 맞는 서비스를 내놓을 수 없기 때문이다.

단순하게 이베이라는 유명세와 입소문을 통한 확대전략인 '이베이 정신'만 가지고 실제 경쟁에서 이기려는 것은 나무에 올라 물고기를 잡으려는 것과 다르지 않다. 이를 실제 전쟁에 비유해본다면 아무리 첨단기술로 무장하더라도 결국에는 재래식 무기나 상륙작전으로 결말이 나는 것처럼 이베이 군단이 비록 정예사관학교 출신이긴 하지만 중국 화북평원에서 지뢰전과 지상전에 능한 비적들을 상대하기에는 버거웠던 것이다.

미로와도 같은 중국시장

    현재 이베이는 해외시장에서 매우 미묘한 시기를 맞고 있다. 처음엔 '최대 기회는 북미시장밖에 있다'고 큰소리쳤으나 지금은 해외시장에서 고전을 면치 못하며 오히려 경쟁사들이 세력을 확장하고 있다. 월가는 철저히 이익만을 추구하기로 유명한 곳인데 이베이는 이제 이곳에서 사랑받지 못한다. 이는 부진한 주가에서도 알 수 있는데 2006년 5월 6일 이베이의 주가는 5%가 빠져 32.01달러로 역사상 최저치를 기록했다. 이는 연초보다 25% 빠진 수준으로 150억 달러의 시가총액이 허공으로 사라져버렸다.

    이러한 상황에서 고전을 면치 못하는 시장에서 철수하여 전선을 축소하는 것은 나쁜 일이라고 할 수 없다. 이 때문에 이베이는 2006년 5월 1년에 한 차례씩 열리는 기업IR에서 해외시장의 상황이 불리하여 아시아시장에서 철수하고 구미시장에 집중하겠다는 방침을 암시했다.

사실 처음에 아시아 지역에서 주요 목표로 삼았던 지역은 중국과 일본 시장이었다. 그러나 현재 세계에서 가장 크고 활발한 중국시장은 온갖 고수들이 모여 싸우는 전장으로 변해 휘트먼 같은 여협女俠도 머리가 어질어질하고 숨도 제대로 못 쉴 지경이었다. 일설에 따르면 처음에 이취와 휘트먼이 실질적 협상을 위한 접촉을 개시했을 때 이취측에서 영상물을 하나 보여주었는데 그 내용은 이취에서 중고물품거래를 해본 중국인 10명의 소감을 담은 것이었다. 이 영상물을 보는 30분 동안 휘트먼의 얼굴에서는 웃음이 떠나질 않았다고 한다. 아마 이때 그녀는 중국에 진출할 결심을 확고히 했을 것이다. 그녀는 영상물의 영문자막과 사람들의 표정에서 다음과 같은 결론을 내렸다고 한다.

"비록 문화적·경제적 배경이 다르긴 하지만 이 사람들이 털어놓은 소감에서 중국네티즌이나 해외네티즌이나 모두 온라인경매시장에 대한 반응이 놀랍도록 비슷하다는 것을 알게 되었다."

휘트먼이 이취에서 선정한 사용자 10명의 소감을 듣고 왜 이렇게 낙관적인 결론을 내리게 되었는지는 이유가 명확하지 않다. 아마 사오이보가 서구의 정통한 MBA교육을 받은 까닭에 중국시장보다 서구경영진의 심리를 더 잘 꿰뚫어본 탓일 수도 있고 혹은 휘트먼이 중국시장 진출 기대에 잔뜩 부풀어 자신이 보고자 하는 것만 보았기 때문인지도 모른다.

아직 개척되지 않은 미래의 시장이 눈앞에 놓여 있는 것을 보았을 때의 전문경영인의 심정은 마치 바둑을 두다 대마를 잡은 기분처럼 가슴이 뛰게 마련이다. 휘트먼은 처음부터 18개월 내에 경쟁자를 물리치겠다고 큰소리쳤고 엄청난 자금을 뿌리면서 경쟁사들이 광고를 내지 못하도록 차단하며 제대로 빛도 못 보고 사라지게 하려 했다. 심지어 타오바오 사무실 앞에 이베이이취의 광고판을 세워놓기도 했다. 물론 마윈도 만만한 인물은 아니어서 즉각적으로 이베이이취 사무실 근처의 지하철역에 타오바오의 광고판을 걸어놓았다.

당시 이베이의 최대 목표는 이취의 기존 회원들을 그대로 끌어안는 것이었다. 해외시장과는 다르게 중국의 C2C시장은 처음부터 약간 기형적이어서 회원들이 거래수수료를 내지 않기 위해 실제 거래는 오프라인에서 하는 경우가 많았다. 심지어 국제무역거래에서도 편지봉투에 달러를 끼워 보내는 방법까지 쓰곤 했다.

하지만 당시 이베이의 생각은 너무나도 순진했다. 타오바오에게 광고나 선전을 하지 못하게 하면 타오바오가 원래 무료라는 사실도 사람들이 모를 줄 알았던 것이다. 이베이가 원한 것은 기존회원을 붙잡아두는 것이 아니고 다른 선택의 여지를 없애는 것이었다. 그러나 생각 외로 타오바오는 강한 생명력을 발휘했다. 중소규모사이트와 지하철, 버스에서 유격전을 펼친 마윈의 중국식 지혜를 휘트먼은 이해할 수 없었을 것이다.

"이베이가 유료서비스를 고집하면서 기존의 회원을 붙잡아두려 한 것은 현실적이지 않았다. 표면적으로 보면 이베이가 유료화 정책 때문에 실패한 것처럼 보이지만 사실은 현지화에 실패하여 중국시장에서 이베이만의 경쟁력을 갖추지 못해 실패한 것이다."

당시 언론매체에서는 이같이 뼈 있는 지적을 했지만 안타깝게도 휘트먼은 중국어를 몰랐다.

휘트먼은 첫 번째 전투의 결과에 만족하지 못했다. 이 때문에 업계에서는 그녀가 직접 상하이로 건너와 진두지휘할 것이라는 소문이 파다하게 돌았고, 언론에서는 기존의 경영진을 휘트먼의 사람들로 새롭게 물갈이할 것이란 추측을 내놓았다. 창립자인 탄하이인譚海音은 곧바로 이베이이취를 떠나 가족을 따라 독일로 갔다고 한다. 2002년에는 이베이본사와 이베이코리아에서 일했던 정시구이가 이취의 CFO를 맡게 되었다. 그리고 2003년에는 이베이 독일의 2인자였던 슈나우셔가 중국으로 파견되어 COO를 맡게 되었는데 이 두 사람은 직책상으로 CEO인 사오이보를 보좌하는 신분이었다.

그러나 창업자인 사오이보는 이미 갖고 있는 지분을 팔아버려 지분이 충분하지 않아 이베이이취에서의 영향력이 예전 같지 않았다. 그리고 지분을 팔아버렸다는 자체가 이미 이취를 떠나려고 준비하고 있다는 점을 암시했다. 따라서 이 당시 그의 역할은 다분히 상징적인 데 그쳤으며 회사를 대표해서 얼굴을 내밀고 활발하게 활동한 인물은 바로 정시구이였다.

이베이이취는 이베이코리아의 대표인 이재현이 이베이의 아태지역 부총재에 임명되었다는 소식을 발표하면서 다음과 같은 말을 덧붙이는 것을 잊지 않았다.

"사오이보는 여전히 이베이의 글로벌부총재인 빌 캅Bill Cobb에게 직접 보고하고 있다."

235

이 말의 뜻은 사오이보가 아직은 종이호랑이가 아니며 이재현과 동등한 위치에 있다는 것을 밝힌 것이다. 그러나 이베이가 시장규모 면에서 중국에 훨씬 못 미치는 한국의 책임자에게 아시아지역을 총괄하게 했다는 자체는 매우 의미심장한 일이었다.

2004년 11월 12일, 이베이이취는 CEO인 사오이보가 앞으로 이사장직을 맡아 회사의 운영과 관리에서는 손을 떼고 글로벌시장에서의 장기전략을 구상하게 될 것이라고 밝혔다. 비록 사오이보의 직위가 오르기는 했지만 이베이이취를 경영하는 데 실질적인 권한은 이베이에서 5년간 몸담았던 정시구이에게 돌아갔다. 사오이보의 시대는 끝난 것이다. 휘트먼이 "이베이이취에 자율권을 좀 더 많이 주겠다"라고 한 말이나 사오이보가 "나는 여전히 이베이이취의 일인자이며 글로벌부총재에게 직접 보고하고 있다"라고 한 말은 공수표가 되고 말았다.

사오이보와 탄하이인이 비록 휘트먼과 같은 하버드 MBA 출신이며 휘트먼도 일찍이 이취가 이베이와 매우 비슷하다고 말하기는 했어도 그녀는 이들이 그녀가 원하는 '이베이 정신'을 가지고 이를 전파할 수 있는 인물이라고는 생각지 않은 듯하다. 그래서 그녀는 이베이에서 오랜 기간 일한 경험이 있는 인물을 찾으려 했다. 이러한 그녀의 행동으로 미루어 볼 때 그녀는 이베이이취가 타오바오에 계속 밀리는 이유가 바로 현지화의 실패와 중국인의 소비습관에 대한 무지라는 점을 여전히 자각하지 못했음을 알 수 있다. 휘트먼은 곧바로 중국 본토출신 미국유학생 두 사람을 대신하여 대만출신 경영인을 그 자리에 올려놓았다.

이 시기에 마윈은 매우 득의양양한 연설을 하게 되는데 "다국적회사가 중국에 들어올 때는 네 가지 단계를 거친다. 첫째는 '보지 못하고', 둘째는 '무시하고', 셋째는 '이해하지 못하고', 넷째는 '따라잡지 못하는' 것이다"라는 내용이었다. 이 말은 당연히 경영진이 계속 바뀌고 불안한 상황에 있던 이베이이취의 아픈 곳을 찌른 것이었다.

정시구이는 서두에서 언급했던 COO로 바로 30명의 신입사원을 배치하는 문제를 글로벌경영진화상회의에서 논의해보겠다던 그 인물이다. 휘트먼은 사실상 중국의 경영진을 곤경에 빠뜨렸는데 그 이유는 경영상 충분한 자율권을 주지 않았고 보고절차상 중간에 거쳐야 할 단계도 너무 많아 업무효율을 떨어뜨렸기 때문이다. 2005년으로 접어들면서 타오바오는 점점 세력이 커졌고 매일같이 새로운 수치를 발표했는데 이 수치들은 타오바오와 이베이이취의 격차가 점점 좁혀지고 있음을 보여주었다. 조금만 더 있으면 곧 추월당할 상황이었기 때문에 이베이이취도 더 참지 못하고 수수료 인하를 선언했다.

이 상황은 분명 어디선가 본 것 같지 않은가. 그렇다. 일본에서도 이베이는 무료화를 선언했다. 물론 이번에는 무료까지는 가지 않았지만 이베이는 어쩌면 일본에서는 야후가 너무나도 강했기 때문에 무료화는 어쩔 수 없는 배수진이었을 뿐 중국에서는 상황이 그 정도는 아니기 때문에 잠시 물러서기 위한 것이라 생각했을지 모른다. 더구나 불과 얼마 전에 "무료는 비즈니스모델이 아니다"라고 스스로 밝혔으니 말이다. 그러나 이에 대해 타오바오의 한 고위인사는 이 말은 단지 체면치레일 뿐이라고 꼬집었다.

사실 이베이가 가격을 경쟁의 결정적인 요소로 보고 가격경쟁과 비슷한 방식으로 시장을 탈환하려 했다는 점에서 두 사건의 본질은 같았다. 경쟁이라는 측면에서 볼 때 이베이이취가 해결해야 할 핵심적인 문제는 두 가지였다.

첫째는 신규판매자들을 끌어들이고 확충하며, 둘째는 기존의 판매자들을 붙잡아 두는 것이었다. 이 두 가지 문제 중 두 번째 문제는 수익 측면에서 훨씬 중요하고도 현실적인 문제였고, 첫 번째 문제는 장기적인 측면에서 중요한 과제였다. 하지만 수수료 인하 조치는 단지 두 번째 문제를 해결해줄 수 있을 뿐이었다. 상품등록비를 반으로 할인해주면 기존의 판매자에겐 좋을지 몰라도 신규판매자를 유혹하기엔 무리였다. 그리고 1개월 동안에는 판매자가 등록하는 상품 중 3건까지는 무료로 해주기로 했지만 이 역시 겉치레일 뿐 현실적인 효과는 크지 않았다. 이베이가 이렇게 자잘한 꾀를 쓰는 데 대해 중국인은 냉정하게 반응했다. 신규온라인판매자들은 여전히 타오바오로 몰려들고 있었는데 이유는 딱 하나 '이베이는 돈을 받기 때문'이었다.

중국의 전자상거래시장은 어느 정도까지 발전했을까? 정확치는 않지만 현재 중국의 인터넷사용인구는 총인구의 8%라고 한다. 생각해보자. 이 수치는 마치 전 국민이 맨발로 다니는 것과 마찬가지이다. 이베이는 국민에게 신발을 팔기 위해 첫 번째 켤레는 공짜로 제공하고, 그다음부터는 할인된 가격으로 팔겠다는 것이고, 타오바오는 아예 처음 3년간은 무조건 공짜로 신발을 제공하겠다는 것이다. 3년 후 어떻게 될지는 모르지만 확실한 것은 3년간 신발을 신으면 이제 다시 맨발로 돌아가기는 불가능해진다는 사실이다.

신든지 안 신든지 상관없으며 신어보고 싶으면 그만둬도 좋다. 어쨌든 무료다. 버려도 상관없다. 이것이 타오바오의 전략이었고, 이베이는 돈이 좀 있는 사람들부터 먼저 신발을 신어보게 하고 이베이의 제품이 파리의 고급 수제화라는 점을 부각시켜 고객을 확보하겠다는 전략이었다. 게다가 할인까지 해준다니 고맙지 아니한가. 그러나 맨발인 사람들로서는 무료라고 제공받은 첫 신발이 발에 익숙해지면 이것만 신게 되고 결국 나중에는 이 신발을 계속 신기 위해 돈을 지불하게 될 것이다. 인간이라면 누구나 돈을 내야 한다는 사실에 그다지 유쾌해하지 않는다. 더구나 무료로 제공해주겠다는 사람이 있는 한 돈을 주고 물건을 사는 것은 일단 제쳐놓기 마련이다.

이베이이취의 경영진은 중국인이 아직은 파리의 고급 수제화를 탐내는 수준에는 못 미친다는 사실을 생각지 못했다. 중국인의 발에는 이베이가 파는 하이힐은 좀 딱딱한 감이 있어 오히려 자수로 장식한 중국신발이 훨씬 편했다. 이런 이유로 양측이 대등하게 경쟁하던 2005년 중반을 지나면서 저울은 타오바오 쪽으로 기울기 시작했다.

2005년 8월, 이베이이취의 CEO가 다시금 바뀌었다. 이때는 COO인 정시구이가 CEO 직책까지 맡아 회사를 꾸려나간 지 8개월이 지난 시점이었다. 이 8개월 동안 이베이는 적합한 CEO를 계속 물색했고 결국 대만출신의 우스슝을 CEO로 임명했다. 이베이는 공식성명에서 우스슝은 예전에 마이크로소프트의 중화권총책임자로 브랜드전략, 마케팅, 공공관계, 고객관계 관리 등의 분야에서 오랜 경험을 쌓았는데 이 분야들은 바로 이베이이취가 취약한 부분이므로 우스슝이 잘 보완해줄 것이라고 밝혔다. 한편 8개월 동안이나 CEO를 물색했다는 것은 이베이가 중국시장을 얼마나 중요시했는지를 암시하는 대목이기도 하다.

우스슝이 CEO로 임명된 시기는 2005년 8월 알리바바가 야후 차이나를 인수한 후였다. 이베이는 이와 동시에 "야후의 온라인경매부문, 야후와 시나닷컴이 공동 설립한 '이파이—拍'와 알리바바 산하의 타오바오는 모두 이베이의 직접적인 경쟁자들이다. 이베이가 반드시 달성해야 할 목표는 바로 현지화된 마케팅팀과 홍보팀, 경영진을 갖추어 중국본토에서 '야후＋알리바바' 진영에 맞서는 것이다. 이런 측면에서 다국적기업에서 중화권의 CMO 직책을 맡았던 중국인이라면 CEO의 적임자일 것이다"라고 밝혔다.

"귀티 나는 부잣집 자제인 이베이는 GMV〔C2C 기업의 연간거래총액〕라 이름이 새겨진 상자를 들고 미국에서 동방의 낙원 상하이로 건너와 돈을 담아가려 했다. 그러나 낯선 환경 탓에 얼마 되지 않아 이곳의 터줏대감이던 '도끼파'에게 상자를 빼앗기고 만다. 치욕을 당한 이베이는 복수하기 위해 소림사로 들어가 중국무술을 연마하게 되고 여기서 사제인 페이팔과 스카이프를 만나게 된다. 이들은 중국 사부 밑에서 고생 끝에 무예를 터득하고 이베이는 두 사제를 데리고 상하이탄上海灘으로 돌아와 암수를 쓰던 경쟁자를 제압하고 '도끼파'에게서 GMV 상자를 되찾아 결국 진짜 금을 모으게 된다."

이 이야기는 우스슝이 취임한 해의 춘제春節 때 이베이이취가 신년맞이 전야제에서 선보인 연극의 줄거리로 이베이의 '설욕'에 대한 의지를 엿볼 수 있다. 이 연극은 우스슝이 CEO에 취임한 후 직접 기획한 것으로 '현지화'에 대한 그의 생각을 읽을 수 있다. 그러나 현지화라는 목표를 위한 우스슝의 노력은 엉뚱한 방향으로 나아갔다. 오히려 그는 이베이이취를 형식적으로나 내용상으로나 글로벌기업으로 만들기 위한 노력을 펼쳤다. 그는 2005년 크리스마스 이브에 이베이이취와 이베이의 글로벌네트워크를 통합한 '다함께 세계로'라는 글로벌쇼핑란을 선보였다.

그리고 이듬해 1월 9일에는 이베이이취와 스카이프의 통합을 선포하면서 이제 판매자와 구매자가 편하게 의견을 주고받으며 거래할 수 있게 되었다고 설명했다. 1월 19일에는 '안전결제시스템' 계획을 발표하며 모든 판매자는 상품을 등록할 때 이베이 산하 금융 브랜드인 안푸통이나 페이팔을 거쳐야만 한다고 밝혔다.

이렇듯 일련의 조치를 보면서 어떤 이는 이런 질문을 던지기도 했다. 이베이이취는 아예 해외무역분야로 전업하고, 국내시장은 타오바오에게 넘겨주려는 것인가?

사실 이도 곰곰이 생각해보면 꽤 괜찮은 방법이었다. 왜냐하면 이베이이취로서는 중국내수시장은 레드오션인 데다 타오바오가 기선을 잡고 있어 시장을 탈환하기가 어려웠지만 해외무역이라면 타오바오가 열세일 뿐 아니라 이 영역으로 진출할 의도도 없었기 때문에 분명 이 분야는 이베이에게 블루오션이었다.

그렇다면 타오바오와 이베이는 아예 이렇게 각자의 길을 가면 좋지 않겠는가? 불행하게도 이 질문을 우스승에게 직접 해볼 기회는 이제 없어졌다. 그가 CEO를 맡은 지 1년이 되는 2006년 9월에 사의를 밝히고 자리를 떠났기 때문이다. 8개월이나 걸려 물색하고 2개월간 심사를 거쳐 황금갑옷을 입혀 왕좌에 앉힌 인물이 불과 1년 만에 떠난 이유에 대해서는 온갖 추측이 난무했다. 확실한 이유는 휘트먼이 우스승에게도 여전히 만족하지 못했다는 점이다.

미국의 〈비즈니스 위클리〉 보도에 따르면 타오바오의 시장점유율은 72%(2009년 6월 현재 80% 이상의 점유율을 기록하고 있다 - 옮긴이)에 달했다. 그리고 중국인터넷정보센터가 2006년 5월 14일 발표한 〈2005년 중국 C2C구매조사보고〉를 보면 2006년 3월을 기준으로 베이징, 상하이, 광저우 세 도시의 C2C온라인구매소비자는 총 200만 명으로 집계되었는데 각 C2C 사이트의 시장점유율은 2005년을 기준으로 타오바오가 67.3%, 이베이이취가 29.1%를 차지했다. '강한 자는 더욱 강해지고 약한 자는 더욱 약해진다'는 법칙이 이번에는 힘을 발휘한 듯했다. 우스승의 현지화 작업은 그가 물러난 이후 긍정적인 평가를 받기도 했지만 어쨌든 시장점유율에서 초라한 성적은 휘트먼에게 큰 충격을 주었다.

마윈이 '게임은 이미 끝났다'고 공격적으로 선포했을 때 휘트먼도 사실 다른 방식으로 똑같은 결론을 내렸다. 우스승은 CEO 자리에서 물러난 후 한 인터뷰에서 사직 이유를 이베이차이나에 새로운 길을 터주기 위함이라고 밝힌 바 있는데 이는 2006년 말에 현실로 드러났다.

12월 20일, 휘트먼은 베이징에서 이베이차이나와 TOM닷컴이 각각 49%와 51%의 지분을 갖고 합자회사를 설립할 것이라고 밝혔다. 그리고 이 합작회사의 CEO는 TOM닷컴 CEO인 왕레이레이王雷雷가 맡기로 했으며 이베이이취의 CEO 랴오광위는 합자회사에 경영지원을 하고 여전히 독자적으로 이베이이취를 운영한다고 덧붙였다. 여기서 비록 랴오광위가 독자적으로 이베이이취를 경영할 것이라고 밝혔지만 합자회사에는 이베이의 자회사인 이취가 포함되며 이베이차이나는 실질적으로 이베이이취를 의미한다는 것은 업계의 공공연한 사실이었다. 이것은 곧 휘트먼이 베이징에서 웃으며 왕레이레이와 악수했을 때 이베이차이나의 운명은 이미 결정되었다는 것을 의미하는 것이기도 했다.

다시 도약하는 이베이의 미래

2006년 7월, 지난 1년간의 부진 끝에 미국의 이베이는 다시금 기지개를 켰고 투자자들은 오랜만에 미소를 짓게 되었다. 미국과 독일 시장의 호조로 2/4분기의 실적이 업계의 예상치를 상회한 것이다. 7월 20일 이베이가 발표한 분기실적보고서를 보면 2/4분기의 순이익은 전분기 대비 53% 증가한 2억 9,610만 달러였으며 주당순이익은 21달러로 애널리스트들의 예측보다 4달러가 높았다. 아울러 이베이는 당해연도의 순이익전망치도 높였다.

마윈이 위대한 기업이라고 항상 치켜세웠던 이베이는 여전히 고속성장하고 있으며 최근의 재무제표를 보면 이베이가 힘든 시기에서 탈출하고 있음을 알 수 있다. 미국의 애널리스트들은 이베이의 실적회복이 다음과 같은 몇 가지 이유에 기인한다고 분석했다.

첫째, 이베이가 도입한 새로운 판매방식이다. 'Want It Now'

방식은 원하는 상품에 대해 회원이 곧바로 가격을 물어보고 상담하는 방식이며, 'Best Offer' 방식은 고가상품을 경매하는 방식이다. 이러한 새로운 판매방식은 상품의 평균가격을 올리는 효과를 가져왔다. 둘째, 흥미로운 사실은 업계뿐 아니라 2만 명이 넘는 판매자들에게 비난을 받았던 판매점수수료 인상이 수익증가에 일조했다는 것이다. 셋째, 이베이의 전자지불시스템인 페이팔의 수익 증가이다. 2/4분기의 전자지불시스템수입은 51%가 증가한 2억 4,400만 달러였다. 페이팔은 이베이 말고도 다른 시장으로 진출하기 시작했는데 애플의 아이튠스iTunes와 계약을 체결하기도 했다.

물론 양호한 실적을 보였다고 해서 투자자들이 이베이의 앞날에 대한 우려를 완전히 씻은 것은 아니다. 온라인쇼핑을 좋아하는 사람이라도 이베이가 앞으로 얼마나 계속 성장할 것인가 하는 핵심적인 문제에는 관심을 갖고 있었다. 앞날은 여전히 미지수였다. 강력한 경쟁상대인 구글은 여전히 이베이를 압박하고 있었고 아마존닷컴Amazon.com과 오버스톡닷컴Overstock.com 등 경쟁사들의 공격도 점점 거세지고 있었다. 중국의 이베이이취뿐 아니라 모회사인 이베이에게도 좋은 날은 점점 지나가고 있는 상황이었다.

하지만 다년간 경험을 쌓은 이베이는 일반 제조업체와 마찬가지로 마케팅과 신상품개발에 주력했고 쇼핑닷컴Shopping.com과 부동산임대사이트인 렌트닷컴Rent.com을 인수하는 등 기업합병도 계속 진행했다. 그러나 합병한 사이트들의 성격이 이베이가 지향하는 경매형식과는 판이하게 달라 합병 후의 통합문제에 대해서는 말이 많았다.

중국시장에서의 전자상거래 열풍과는 다르게 해외투자자들의 전자상거래에 대한 인내심은 10년간 우여곡절을 겪으면서 거의 없어졌다. 이베이의 실적이 좋아졌다고는 하지만 앞으로도 계속 성장할 것이라는 믿음을 투자자들에게 심어주는 일은 쉽지 않았다. 재밌는 것은 대표적 전자상거래업체인 아마존이 2/4분기 실적을 발표하면서 회사의 실적이 부진하여 온라인광고업에 진출하겠다는 뜻을 밝힌 것이다. 마찬가지로 이베이도 아마존처럼 자신의 전자상거래모델에 대해 진지하게 되돌아볼 때가 되었는지도 모른다. 하지만 중국의 이베이이취에게 이런 문제는 아직 먼 훗날의 이야기이다. 왜냐하면 2006년 9월에 중국의 IT 애널리스트들은 온라인 광고는 이제 한계에 부딪혔으며 제3의 수익모델은 바로 전자상거래가 될 것이라고 강조했기 때문이다.

아니나 다를까, 미국의 〈비즈니스 위클리〉에서도 "이베이는 자신의 전자상거래모델에 대해 진지하게 반성해야 할 때가 왔다"라고 조언했다.

이베이는 아시아에서 고전을 면치 못했어도 미국에서는 여전히 막강한 위력을 갖고 있다. 그렇다면 가장 현실적인 시나리오는 '이베이는 여전히 안정적으로 발전한다'가 될 것이다. 단지 성장속도가 느려지고 실적보고서가 예전처럼 화려하지 않은 것뿐이다. 하지만 월가에서는 여전히 전자상거래의 앞날을 걱정하는 분위기이며 이베이의 주위환경도 심상치 않게 돌아가고 있다. 더구나 이베이는 아시아시장에서는 물과 불의 관계처럼 어울리지 못했는데 더 근본적인 이유는 무엇일까?

이베이이취가 툭하면 경영진을 교체한 데서 우리는 최고관리자의 용인用人에 문제가 있음을 보았다. 이베이이취의 경영진이 재량권이 부족하고 세세한 것까지 상부에 보고해야 하는 상황에서는 흔히 말하는 대기업병을 엿볼 수 있었고, 너무 딱딱하고 개성이 부족한 웹페이지와 재미없는 동호회를 보면서는 10여 년의 역사를 지닌 대기업의 노쇠함을 느낄 수 있었다.

체인은 가장 약한 곳에서 끊어진다. 이베이가 아시아시장으로 촉수를 뻗쳤을 때는 너무 길게 뻗는 바람에 공격력이 현격히 떨어졌다. 하지만 이번 경쟁에서 드러난 이베이의 약점은 단순히 아시아에서만 나타난 게 아니었다. 이런 상황을 보면서 마윈은 말은 안 해도 속으로 웃었을지도 모른다. 예전에 그는 "이베이가 혹 나에게 기분 나쁜 말을 한다면 내가 미국에 가서 무료 C2C 사이트를 만들지도 모른다"라는 말을 한 적이 있다.

마윈은 광인狂人이다. 그는 내기에 한 번도 져본 적이 없으며 비현실적인 것처럼 보이는 그의 목표도 사전에 머릿속에 세세한 전략이 들어 있다.

Ma¥un ₩ay

PART 9

파괴적 혁신기업의 미래

"마윈은 영웅이 될 것이다. 마윈이라는 이름은
야후 창업자인 제리 양이나 아마존 창업자인 제프 베조스,
마이크로소프트의 빌 게이츠와 같은 레벨이 될 것이다.
모든 사람이 미국의 성공을 카피하는데
마윈은 새로운 비즈니스모델을 만들었기 때문이다."

타오바오가 발상의 전환으로 승전보를 울린 2년 동안 중국에는 '늑대'를 주제로 한 서적들이 홍수를 이루고 '늑대의 본성'이 최고의 유행어로 자리잡았다. '늑대의 본성'은 타오바오에도 적용된다. 늑대는 먹잇감을 찾을 때 무리지어 움직이는 습성이 있다. 이렇게 뭉친 늑대들은 지속적인 교란작전과 끊임없는 공격을 펼쳐 그들보다 몸집이 큰 호랑이나 사자도 이길 수 있다. 이와 마찬가지로 강적 이베이와의 경쟁에서 타오바오는 적극적인 태도를 취했다.

"돌격! 돌격! 돌격하라! 아무도 예측할 수 없는 곳에서 돌격하라!"

타오바오는 '파괴적 혁신'을 실현했다. 클레이튼 크리스텐슨 Clayton M. Christensen 하버드 경영대학원 석좌교수는 '세계의 패러다임'을 발견하고 이론을 정립하려는 노력을 끊임없이 해온 결과 내

Part 9 파괴적 혁신기업의 미래

놓은 대표작《혁신기업의 딜레마 The Innovator's Dilemma》에서 파괴적 혁신을 하는 기업과의 경쟁에서 대기업이 실패할 수밖에 없는 이유를 설명했다. 일반적으로 대기업은 자사에 이익을 많이 창출해주는 이른바 '돈 되는 고객'을 확보하는 데만 주안점을 두고 불확실한 사업은 지레 포기해버리므로, 중력의 영향을 받듯이 몰락의 길로 떨어지고 만다. 타오바오와 이베이이취의 경쟁이 그 대표적인 사례이다.

크리스텐슨 교수는 혁신을 '존속적 혁신'과 '파괴적 혁신' 두 가지로 분류하였다. 존속적 혁신이란 쉽게 말하면 좀더 우수한 제품을 생산하여 확실한 수익을 창출해주는 기존 고객에게 더 높은 가격에 판매하는 것이다. 존속적 혁신은 기존의 대기업에 유리한 모델이다. 반면 파괴적 혁신은 더 간단하고 편리한 제품을 생산하여 새로운 고객이나 그다지 높은 수익을 가져다주지 않는 고객층에게 좀더 저렴하게 판매하는 것이다. 파괴적 혁신을 통한 경쟁에서는 신생기업이 선두기업을 제치고 승리할 확률이 높다.

여기서 우리는 신생기업이 선두기업을 공격하는 가장 효과적인 방법은 바로 파괴적 혁신이라는 중요한 원칙을 발견할 수 있다. 일반적으로 파괴적 혁신은 업계의 선두기업들을 마비시키는 엄청난 결과를 가져온다. 이미 시장을 이끌어가는 선두기업들은 존속적 혁신을 추구하므로 파괴적 혁신에 구조적으로 대응할 수 없기 때문이다.

그들은 대부분 상위시장을 지향하므로, 파괴적 혁신기업이 관심을 보이는 하위시장이나 새로운 시장에 별 관심을 갖지 않고 무시하는데, 이러한 현상을 '동기의 비대칭'이라고 한다. 이것은 바로 성공 기업들이 부딪치는 딜레마이다. 이베이가 중국시장에서 적절하게 대처하지 못하고 항상 한 박자씩 늦은 것도 바로 이러한 이유 때문이다.

한 기업의 전략적 혁신이 새로운 시장을 파괴할 만한 잠재력을 가지려면 어떠한 요건을 갖춰야 할까? 크리스텐슨 교수는 다음과 같은 세 가지 요건을 제시했다.

첫째, 기술과 자금이 부족하기 때문에 풍부한 기술과 자금력을 확보해야만 얻을 수 있는 물건을 소유하거나 사용하지 못하는 새로운 고객층이 존재하는가?

둘째, 요구 수준이 비교적 낮은 하위시장의 고객층을 확보하기 위해 가격인하 방식으로 수익을 창출하는 합리적인 비즈니스모델을 개발할 수 있는가?

셋째, 신규시장이나 하위시장의 고객층을 확보했다면 그다음 조건을 짚어보아야 한다. 추진하는 혁신은 동종업계의 주요 선두기업을 파괴할 만한 영향력을 갖고 있는가?

마윈이 일궈온 타오바오는 상술한 세 가지 요건을 모두 갖추고 있었다.

글로벌 산업사슬에서의 타오바오

좀더 큰 각도에서 이베이의 대 중국전략을 살펴보면 중국 토종기업 타오바오의 특별한 가치를 발견할 수 있다.

세계 100대 경제주체 가운데는 다국적기업이 51개를 차지하며 세계적으로 상위 500위에 들어가는 다국적기업은 20여 년 동안 경제 글로벌화의 최대 수혜자였다. 세계적인 분업화가 이루어지는 상황에서, 대기업들은 하나 둘씩 비핵심 업무를 줄이고, 핵심 업무에 역량을 집중하고 있어 산업의 집중도가 높아지고 있다. 기존의 막강한 경쟁력을 갖춘 기업들이 인수합병과 투자를 통해 산업사슬을 세계로 넓혀나가면서 세계적인 산업사슬, 가치사슬, 공급사슬을 갖춘 거대한 조직으로 발전하고 있다. 보잉 등의 제조업체, 나이키·맥도날드 등의 브랜드경영업체, IBM 등의 시스템솔루션 제공업체가 그 대표적인 예이다.

'시스템 집적업체'라 불리는 이러한 기업들이 각종 산업에서 선두를 차지할 수 있었던 이유는 해당 산업에 대한 강력한 '시스템 집적능력'을 갖추었기 때문이다. 이러한 집적능력은 자본과 규모의 힘에서 비롯될 뿐만 아니라 막강한 기술력, 브랜드, 신용, 마케팅 시스템, 공급망을 바탕으로 한 '소프트 파워Soft Power, 정보과학이나 문화·예술 등이 행사하는 영향력. 하버드대학 케네디스쿨의 조지프 나이Joseph S. Nye가 처음 사용한 용어이다 -옮긴이'로 구성된다. 세계 상공업계에서 주도적 위치를 차지하는 기업들은 대부분 고수입 국가의 회사들이다. 이것은 중국을 포함한 개발도상국가의 기업들이 심각한 도전에 직면해 있음을 방증한다.

인터넷산업에서 시스템 집적업체로 손꼽히는 이베이는 이러한 노선도에 따라 회사 규모를 본격적으로 확대해나갔다. 그러나 일본, 중국, 타이완 시장에서 예상치 못한 난관에 봉착하고 만다. 유수의 다국적기업과 비교해볼 때 중국기업들은 '하드 파워hard power'에서 큰 차이를 보일 뿐 아니라 기업문화로 구성된 '소프트 파워'에서의 격차는 더욱 심각한 수준이다. 기업의 '하드 파워'는 주로 자본, 공장, 설비, 생산경영시설 등 물질적인 능력과 직원들의 자질과 경력을 가리키며, '소프트 파워'는 기업의 경영이념, 가치관, 혁신제도, 시장 신용도, 사회적 책임 의식, 브랜드 영향력, 이러한 모든 요소가 모여서 형성되는 사회적 명성을 가리킨다. 이러한 각도에서 보면 타오바오의 승리는 매우 값진 것이라고 할 수 있다. 타오바오는 다국적기업이 전통적으로 강세를 보이는 분야, 즉 '하드 파워'의 범주에서 결정적인 승리를 거두었기 때문이다.

이제 중국기업들이 맞이한 도전은 경제적인 것이 아니라 제도적·문화적 도전이자 기업인의 개인 능력에 대한 도전이다. 타오바오가 이러한 면에서 어느 정도 성과를 거둔 것은 결코 쉽지 않은 일이었다. 그러나 이베이와의 경쟁에서 승리를 거두었다고 하여 타오바오의 영원한 성공이 보장되지는 않는 법이다. 세계 각국에는 지금도 성공잠재력을 지닌 많은 경쟁기업들이 도사리고 있으므로 경계심을 늦추지 말아야 한다.

다음 경쟁자를 대비하라!

2006년 여름, 인터넷에서는 이베이가 중국에서 철수하고, 이취의 소유주가 바뀔 것이라는 소문이 무성했다. TOM그룹이 며칠 안에 이취와 페이팔을 인수하는 한편, 텅쉰騰訊, 이취와 합병하여 공동으로 타오바오에 대항할 것이라는 소식이 주요 매스컴의 경제면을 장식했다.

이취를 인수할 의사가 있다면 가장 먼저 협상해야 할 문제는 바로 가격이다. 2007년 현재 이베이의 대 중국투자액은 2억 8,000만 달러를 넘어섰다. 시장점유율이 30% 미만이라 할지라도 중국 C2C시장에 진출하기를 희망하는 기업이라면 이보다 높은 가격을 지불하고라도 인수를 원할 것이다. 그다음은 인수방식인데 인수자로서는 알리바바의 야후차이나 인수와 유사한 방식이 단순한 현금인수보다 더 남는 장사이다.

이베이이취의 인수자가 누가 되든지 어떠한 방식으로 인수가 추진되든지 간에 새로운 회사의 내부통합문제는 쉽게 풀리지 않을 것이며 최소한 반년에서 1년의 시간이 소요될 것이다. 타오바오는 바로 이 시기를 다시없는 기회로 삼아 더욱 박차를 가하여 전력질주해야 한다. 타오바오는 이베이이취와의 경쟁에서 승전보를 울리고 한숨 돌릴 수 있었다. 그러나 다음번 경쟁에서는 지금의 이베이이취든 TOM이취 등의 새로운 이베이이취든 모두 과거의 이베이이취보다 더욱 성숙화·현지화되고 강력한 경쟁력으로 무장한 상대와 겨루게 될 것이다. 어쩌면 타오바오보다 '늑대 본성'이 강한 이취가 등장할지도 모를 일이다. 그러므로 타오바오는 하루빨리 경쟁력을 높여 미숙한 모습을 보이는 지금의 모습에서 탈피해야 한다.

타오바오와 전자상거래시장의 점유율에 관심이 있는 사람이라면 미국인 피터 마틴의 견해를 주목해볼 만하다.

"마이크로소프트와 인텔에 대한 장기적인 위협은 앞으로 그들 내부에서 나올 가능성이 있다. 그들이 시장에서 절대적인 우위를 차지하는 순간부터 독점 피해가 회사의 목줄을 조여 결국 장기적인 성공은 기대하기 어려울 것이다. 그들은 지금까지 타사 제품의 호환성을 보장하지 않았으며, 시장점유율만 굳게 믿고 수익을 많이 내는 경쟁 기업들을 왜곡하고 무시하는 등 횡포를 부려왔으니까 말이다."

외부환경이 급변하면 과거의 성공모델은 발목을 잡게 될 가능성이 높아진다. 비즈니스라는 정글에서는 시시각각 변화를 추구하는 기업만이 살아남을 수 있다. 그러므로 타오바오는 지금의 성공을 잠시 잊고 다음 경쟁자에 대비해 만반의 준비를 해야 한다.

에필로그
다음 경쟁상대는 누구일까

타오바오의 다음 경쟁상대는 누가 될까? 이는 아마 마윈도 고민하는 문제일 것이다. TOM닷컴으로 넘어간 이취? '타오바오를 완벽히 모방한' 파이파이왕? 아니면 C2C시장을 노리는 새로운 업체? 아쉽지만 이들은 아니다. 마윈의 시선은 이미 이들을 뛰어넘어 다른 곳에 가 있다. C2C시장, 전자상거래, 인터넷은 이제 그의 주요 관심사가 아니다. 마윈이 주목하는 곳은 바로 기존의 전통시장이다.

타오바오 VS 신궈메이?
휴대전화시장을 예로 들어보면 전자상거래의 영향력이 이 시장에서도 점점 커지고 있음을 느낄 수 있다. 시장조사기관인 이관궈지易觀國際의 통계에 따르면 2006년 3/4분기 휴대전화판매량 중

가전유통연쇄점이 19%, 전문판매점이 12%의 판매비율을 차지했다. 아울러 저렴한 비용으로 더 효과적이고 간편하게 거래할 수 있는 전자상거래를 이용하는 판매상이나 소매상이 급격히 늘어나 기존의 전통판매방식에 새로운 활력을 불어넣어주고 있다.

국무원발전연구센터 시장경제연구소의 예측에 따르면 2006년부터 향후 5년간 가전시장의 연평균증가율은 8%에서 14% 정도이며 총수요금액은 3,500위안이라고 한다. 그리고 이 가전제품들은 전자상거래에서 가장 활발히 거래될 가능성이 높은 품목으로 새로운 세대의 소비자들은 타오바오 등 전자상거래사이트에서 이를 구매하게 될 것이다.

세계적으로 유명한 컨설팅회사인 맥킨지 Mckinsey & Company 는 2006년 9월에 내놓은 중국전자제품소비분석에 관한 보고서에서 중국의 전자제품소비시장은 매년 12%씩 증가할 것이며 2010년에는 전체소비규모만 1억 위안에 달해 전 세계 전자제품소비의 25%를 차지하게 될 것이라고 밝혔다. 이런 시장을 타오바오와 알리바바의 경영진이 가만히 놓아둘 리는 만무하다.

2006년 11월에 인수합병을 통해 새롭게 태어난 신궈메이 新國美 그룹의 5개년 목표치를 보면 2009년에는 1,500억 위안의 매출과 15%의 시장점유율, 2010년에는 2,000억 위안의 매출과 20%의 시장점유율 달성을 내세웠다.

그러나 이런 기존의 가전유통점이 수천만 위안의 비용을 들여 1~2%대의 이윤을 창출한다는 사실과 비교해보면 타오바오의 이점이 명확히 드러난다. 따로 마케팅 비용을 쓸 필요도 없을 뿐더러 여기저기 돌아다니는 수고를 하지 않고도 편하게 컴퓨터로 주문할 수 있기 때문에 소비자들은 타오바오를 택할 가능성이 매우 높다. 또 제반 비용이 적게 들기 때문에 더욱 저렴한 가격을 제시할 수 있다는 점도 큰 매력이다. 따라서 신궈메이의 가장 큰 경쟁상대는 다른 유통업체가 아닌 바로 타오바오가 될 것이며 마윈과 신궈메이의 경쟁은 중국의 업계를 다시 한 번 크게 흔들어놓을지도 모른다.

타오바오 VS 월마트 & 까르푸?

그렇다면 일반 소비시장에서는 어떨까? 또 하나 예상해볼 수 있는 것은 바로 타오바오와 월마트, 까르푸 같은 유통매장의 대결이다. 2005년 중국 전체 소비시장 규모는 6만 7,177억 위안으로 전년도에 비해 12.9% 늘었으며 해마다 증가폭은 커지고 있다. 그렇다면 가전시장뿐 아니라 대중적인 소매품시장도 이제 인터넷의 저비용이라는 이점을 살려 온라인시장으로 들어올 가능성이 있지 않겠는가? 게다가 2005년 이후 중국소비시장에는 두 가지 뚜렷한 변화가 감지되기 시작했다.

첫째는 '소비의 업그레이드'로 브랜드와 사치품 소비가 늘었다는 것이다. 이제는 상류층뿐 아니라 중산층도 무조건 싼 것보다는 품질에 비해 가격이 합리적인 상품을 선호한다.

둘째는 소비추세가 양적인 소비에서 질적인 소비로 바뀌었다는 점이다. 이제 사람들은 외식, 엔터테인먼트, 교육, 문화생활에 주로 돈을 쓰며 단순한 소매품 구매에는 지출을 그다지 많이 하려 하지 않는다.

이러한 변화는 타오바오에게 매우 긍정적으로 작용한다. 필자는 얼마 전에 이사를 가게 되어 가구 구입와 인테리어 장식을 위해 타오바오에 들어와보니 없는 게 없었다. 게다가 커뮤니티에는 어떤 가구는 이런 게 좋고 장단점은 무엇인지 그리고 인테리어에 대한 자신들의 경험과 조언이 공유되고 있었다. 쇼핑 자체도 즐거운 일이지만 그 과정을 함께 공유한다는 것은 더 큰 기쁨이었다. 어떤 판매자가 타오바오에 야채와 돼지고기를 파는 상점을 열고 왕왕메신저를 통해 화상으로 요리에 대한 여러 궁금증을 알려준다면 나는 기꺼이 단골이 될 것이다.

이처럼 소비자들의 질적인 요구를 만족시켜주며 다양한 쇼핑 기회를 제공하기 때문에 타오바오가 언젠가 월마트나 까르푸를 이긴다 해도 그다지 놀랄 일은 아니다.

타오바오를 위한 제언

90여 년의 역사를 지닌 유명한 컨설팅회사 부즈앨런해밀턴 Booz Allen & Hamilton Inc.,은 중국시장과 환경에 대해 심도 있는 연구결과를 내놓은 적이 있다. 이 보고서에서 이들은 변하는 환경 속에서 원만한 경영과 성공을 꿈꾸는 중국기업이라면 다음 9가지 사항을 준수해야 한다고 밝혔는데 이 기준은 타오바오에도 적용해볼 수 있다.

1. 성공을 원한다면 실패를 인정하고 실패에서 배우는 자세를 가져야 한다.

2. 능력과 포용성, 공통의 문화를 가진 팀을 만들어야 한다.
3. 불확실한 환경에서도 비전을 명확히 세워야 한다.
4. 목표를 명확히 하면서 유연하게 행동해야 한다.
5. 기업은 성장속도와 자신의 역량을 축적하는 속도를 잘 맞게 조절해야 한다.
6. 견고한 목표와 신중한 행동 사이에 균형을 맞춰야 한다.
7. 스스로 기준을 세우고 준수하며 제도를 정립해야 한다.
8. 어느 정도 성장한 후에는 시야를 넓게 가지고 큰 구도를 볼 줄 알아야 한다.
9. 지속가능한 발전을 이룰 수 있어야 한다.

새로운 기업환경에서 기업이 지속적인 경쟁력을 가지려면 먼저 기업내부적인 '탄력성 Resilience'을 가져야 한다. 이 탄력성이란 일종의 사고방식이며 비연속적인 변화에 대해 조직이 내재적으로 적응할 수 있는 능력이다.

이베이를 물리친 젊은 기업 타오바오는 이제 더 높은 목표를 향해 나아가고 있으며 어떠한 외부환경의 변화에도 두려워하지 않는다. 타오바오가 얼마나 더 크게 성공할지는 순전히 그들 자신에게 달려 있다. 흔히들 "최대의 적은 바로 자기 자신이다"라고 말하는데 이것이야말로 지금의 타오바오에게 꼭 필요한 말이다.

저자 후기

지나간 일을 다시금 재구성한다는 것은 만만치 않은 작업이다. 그래서 필자는 물론 본서 집필을 지지해주신 모든 분이 이 책의 완성을 위해 최대한 노력을 기울였다. 이 책은 관련인물들의 인터뷰와 비디오, 음성파일, 언론의 보도 등 지난 기록들을 바탕으로 나오게 되었다.

이 책을 집필하는 과정에서 필자는 항저우와 베이징의 알리바바 관련부서를 방문하여 수백 명의 임직원을 인터뷰했고 단편적이지만 생동감 있는 이들의 진술을 바탕으로 타오바오가 걸어온 길을 명확히 정리할 수 있었다.

먼저 바쁜데도 인터뷰에 응해주신 마윈馬雲, 진젠항金建杭, 펑레이彭蕾, 쑨퉁위孫彤宇 씨에게 감사드린다. 이 분들과 대화하면서 그들의 생각과 과거의 세세한 부분까지 상세히 알 수 있었다. 또 필자는 타오바오에 투자한 투자자들, 협력업체와 심지어 경쟁사와도 접촉을 시도하여 여러 각도에서 타오바오에 대한 그들의 생각을 들을 수 있었다.

타오바오의 회원들과 여기서 활동하는 판매자와 구매자들 중에서도 몇몇 분들은 직접 본인의 실명을 밝히고 자신들의 생생한 경험과 감동적인 스토리를 들려주었다. 부디 이 책을 통해 이들이 느끼고 보았던 바를 독자들도 생생히 느끼길 바란다.

타오바오는 처음 설립 당시부터 대다수 언론의 주목을 끌었고 이들 언론들은 타오바오와 이베이이취의 경쟁스토리를 세세하게 보도했다. 필자는 이들 언론에도 매우 감사드린다. 특히 텐지왕天極網의 리즈가오李志高 총재, 도뉴스Donews의 류런劉韌, 테크웹Techweb의 주즈쥔祝志軍 그리고 여러 IT 관련 사이트와 포털사이트의 IT채널에 감사드린다. 이들 덕택에 중국의 IT산업이 걸어온 길을 정확히 되짚어볼 수 있었고 어느 누구라도 마윈이나 쑨퉁위, 휘트먼, 사오이보, 우스슝 같은 인물들이 예전에 생각하고 고민했던 바를 직접 확인해볼 수 있게 되었다. 필자뿐 아니라 중국 IT산업에 애정을 갖고 있는 사람이라면 이들의 사심 없는 노력에 고개를 숙여야 할 것이다.

어떤 드라마틱한 스토리에도 끝은 있게 마련이다. 이 책은 여기에서 펜을 놓지만 독자들의 많은 질책과 의견을 부탁드린다. 필자의 이메일은 wfgzs@sohu.com이다.

마원웨이

2009년 8월 26일 초판 1쇄 인쇄
2009년 9월 1일 초판 1쇄 발행

지은이 | 선웨이펑
옮긴이 | 김창우
발행인 | 전재국

본부장 | 이광자
주간 | 이동은
책임편집 | 이효원
마케팅실장| 정유한
책임마케팅 | 김진학

발행처 (주)시공사
출판등록 1989년 5월 10일(제3-248호)

주소 | 서울특별시 서초구 서초동 1628-1 (우편번호 137-879)
전화 | 편집 (02)2046-2853 · 영업 (02)2046-2800
팩스 | 편집 (02)585-1755 · 영업 (02)588-0835
홈페이지 www.sigongsa.com

ISBN 978-89-527-5634-3 13320

본서의 내용을 무단 복제하는 것은 저작권법에 의해 금지되어 있습니다.
파본이나 잘못된 책은 구입하신 서점에서 교환해 드립니다.